山西省哲学社会科学规划课题"县级融媒体中心建设研究"（课题编号：2020ZZ035）资助

顶层设计、建设现状与突围路径：
中西部县级融媒体中心建设研究

▶ 赵罴源 著

Top-level Design,
Construction Status and Breakthrough Path:
Research on the Construction of
County-level Converged Media Center in Midwestern China

武汉大学出版社

图书在版编目(CIP)数据

顶层设计、建设现状与突围路径:中西部县级融媒体中心建设研究/赵甍源著.—武汉:武汉大学出版社,2023.4
ISBN 978-7-307-23499-4

Ⅰ.顶⋯ Ⅱ.赵⋯ Ⅲ.县—传播媒介—建设—研究—中国
Ⅳ.G206.2

中国版本图书馆 CIP 数据核字(2022)第 241819 号

责任编辑:徐胡乡   责任校对:汪欣怡   版式设计:韩闻锦

出版发行:**武汉大学出版社** (430072 武昌 珞珈山)
(电子邮箱:cbs22@whu.edu.cn 网址:www.wdp.com.cn)
印刷:武汉邮科印务有限公司
开本:720×1000 1/16 印张:8.5 字数:122 千字 插页:1
版次:2023 年 4 月第 1 版 2023 年 4 月第 1 次印刷
ISBN 978-7-307-23499-4 定价:38.00 元

代　序

为什么我们要加紧推进中西部县级融媒体中心建设

自 2018 年 8 月习近平总书记在全国宣传思想工作会议上要求"扎实抓好县级融媒体中心建设，更好引导群众、服务群众"以来，县级融媒体中心建设已近四年。四年来，随着各项政策、标准及配套资源的不断完善，全国县级融媒体中心基本实现了从挂牌上线、数量增长向纵深发展的过渡，也涌现出较多各具特色的先进案例，对于提升县级媒体的传播力、引导力、影响力、公信力具有重要作用。时至今日，在赵蒉源博士的专著《顶层设计、建设现状与突围路径：中西部县级融媒体中心建设研究》付梓之际，我想，进一步推进县级融媒体中心建设仍有极强的必要性。

县级融媒体中心的建设水平关系着我国媒介融合的实效，也影响着基层群众获取信息的质量和精神文化生活水平。2014 年被称为"中国媒介融合元年"，媒介融合上升为国家战略，打造新型主流媒体、建成新型媒体集团、形成现代传播体系成为媒介融合的重要目标。事实上，自 20 世纪末起，媒介融合已引起国内外学界、业界的关注。互联网为中国的媒体发展提供了转型之挑战和高速发展之平台，在提高内容生产效率、扩大信息传播范围、丰富受众媒介体验等方面效用显著，同时，也为提升中国媒体的国际影响力提供了弯道超车的机遇，主流媒体的新媒体技术水平、内容质量、粉丝数量及"出海"后在海外爆火的社交媒体平台对于设置中国议程、提升国际话语权至关重要。可以肯定的是，中国的媒介融合进程早已走在世界前列。然而，不可忽视的是，相比中央级、省级主流媒体，多数县级媒体受技术、人员、资金等因素制约，并未搭上媒介融合的快车，反而在移动互联网时代面临受众流失、竞争激烈、影响力下降等新困扰，而有限的受众注意力资源则被海量的网络信息尤其是娱乐化的自媒体信息或广告信息所分散。如何将媒介融合之实效惠及基层，实现各级、各类媒体的提质增效发展，以丰富、高质量的媒介产品满足人民群众的精神文化需求？加紧推进县级融媒体中心建设，或许是行之有效的重要出路。

县级融媒体中心也是推动地方经济发展和基层社会治理现代化的重要抓手。长久以来，媒体定位为党和国家的"耳目喉舌"与大众传播工具，在意识形态领域发挥着生力军作用，较多基层媒体工作人员以宣传为工作重心，工作领域虽涉及经济、社会等领域，也多将其作为报道对象。就前者而言，市场化经营仍是多数县级媒体在媒介发展进程中的薄弱环节，它们多依靠财政输血完成新闻宣传工作，参与当地文化、旅游等相关产业的开发、运营程度有限，遑论对当地经济的全面推广或参与。随着媒体市场属性的逐渐增强，媒介融合需遵循媒体发展规律和经济发展规律这一认知被广为接受，其本质也在技术创新基础之上融入了制度创新、产业创新，其根本推动因素在于市场。县级融媒体中心的建设为基层媒体的市场化转型提供了契机。以县级媒体拓宽当地农产品销售渠道为例，部分融媒体中心转变工作观念，积极探索直播带货、线上推介会、农产品文化节等新渠道，以官方媒体+产业链+互联网的模式切实带动当地农业经济的发展，虽然在平台建设、用户黏性、人才资源等方面仍面临诸多难题，对高精尖的信息产业等参与度有限，但以县级融媒体中心的建设来增强媒体的市场属性，助力当地经济发展，无疑是提升基层媒体市场价值，实现县级媒体与当地经济融合的有益探索。

就后者而言，县级融媒体中心不仅是县级传统媒体的重新组合和互联网转型，也不仅是以媒体融合推动经济发展的市场化探索，更是以信息传播功能为基础、融合各类新技术的新型主流媒体阵地建设计划，是打通信息传播"最后一公里"、以媒体引导基层社会舆论、参与基层现代化治理的重要途径。县域是国家治理最基本、最重要的单元，县域社会治理的现代化是实现社会主义现代化建设的前提和基础。相比于发挥县级媒体的市场属性，县级媒体参与社会治理的意识、定位和功能更为单薄。以政务线上服务为例，即便有学者大力倡导发挥县级融媒体中心政务服务的功能，但多数基层政府仍以线下服务为主，线上服务的渠道有待畅通，且以政府自建政务服务渠道为主，以县级融媒体中心为纽带实现政府、媒体、群众间政策信息、政务服务、群众需求的一站式顺畅联通，并以此推动政务服务现代化仍有极大的提升空间。此外，如何发挥县级融媒体中心在智慧城市建设、完善社区治理体系等方面的重要作用，也值得我们深思。

随着中部崛起、西部大开发及城乡一体化等战略的推动，当前东中西部的划分已不如十余年前明显，然而，除中西部个别具有典型性、创新性的知名县级融媒体中心外，中国媒体的发展尤其是媒介融合进程仍体现出明显的东中西差异。在国家新闻出版署公布的 2020 年新闻出版业总体经济规模评价中，前 6 位均属于东部地区，东部地区新闻出版产业规模优势明显；国家广播电视总局公布的 2021 年度全国广播电视媒体融合先导单位、典型案例、成长项目也主要集中于东部地区。这不仅与区域经济发展有关，更与媒体意识、内部管理机制、人才队伍等息息相关。推动中西部县级融媒体中心的纵深建设，亟需在挂牌上线、资源整合、学习东部县级融媒体中心先进经验的基础上，理顺其本质定位、发展路径、管理模式和人才队伍建设思路，本书对此研究颇细。居民的媒介使用方面，相比东部地区丰富的线下文化资源，中西部县域地区尤其是乡镇地区的线下文化资源贫乏，"村村通宽带"的全面实现和智能手机资费的下降既为乡镇群众带来海量、视觉化的"掌上世界"，同时也可能因群众有限的媒介素养、不规范的网络行为侵占其注意力资源和财产安全，干扰其科学认知及行为。满足中西部县域地区群众的精神文化生活需求，迫切需要县级融媒体中心提供具有针对性和高价值的内容产品，其突破点之一在于明确当地群众的媒介使用偏好及对政务服务的需求，本书对这些需求的实证研究结果对于推动中西部县级融媒体中心建设，有较强的参考价值。

鉴于县级融媒体中心在媒介融合、丰富基层群众的精神文化生活、推动地方经济发展和基层社会治理现代化中的重要作用，兼顾到中西部地区县级融媒体中心建设的特殊性和必要性，我认为赵鼍源博士的专著《顶层设计、建设现状与突围路径：中西部县级融媒体中心建设研究》出版恰逢其时。赵鼍源博士长期关注媒介融合尤其是县级融媒体中心建设，以此为主题发表过多篇学术论文、咨政报告，也主持、参与过多项相关课题。本书是对中西部县级融媒体中心建设的阶段性总结反思和中长期发展探讨，对顶层设计、发展模式、群众需求、队伍建设、未来发展等方面的研究令我深以为然。希望本书对关注中西部县级融媒体中心建设的一线工作者、学者和政府工作人员有所启发。

是为序。

殷　强

2022 年 8 月

目　　录

图 目 录

表 目 录

第一章 绪 论

第一节 研 究 背 景

媒体技术是信息生产与传播的工具和手段，直接影响着媒体传播活动的发展、受众的接收并以此进一步影响着人类社会的文明进程。新闻业与媒体技术紧密相关，无论是甲骨、东巴纸、莎草纸等古代媒介载体，还是报纸、广播、电视等传统媒体，再到以数字媒体技术为中心的各种先进新媒体技术，新技术不断塑造着新的新闻业态。作为站在技术风口的行业，传媒业随着技术的发展变化而不断改革拓新：自1994年中国接入国际互联网，之后经Web2.0、Web3.0及通信技术的发展影响，"转型""融合"成为伴随中国传统媒体20余年来的核心主题，融媒体、新媒体、数字媒体等关键词也时新至今。

然而，正如技术的创新扩散有创新者、领导者、早期跟随者、后期跟随者和保守者等划分，媒体的转型发展也受多种因素制约，体现出不同的转型发展进度。一般而言，经济发达地区对信息传播及各类传媒服务业的社会需求量大，这些地区的传媒业有较深厚的历史积淀、开放的思想观念和充足的资金支持，多为媒介技术的创新者、领导者或早期采纳者，而多数中西部媒体欠发达地区因较少的传媒服务需求、较少的资金支持和较保守的发展理念成为转型发展的后期跟随者，由此导致较低的媒介产品质量、传媒品牌价值和受众黏性。相较于此类地区的省级媒体，县级媒体的发展更值得引起关注。

媒体欠发达地区县级融媒体中心的转型发展不仅受媒体规模、资金、品牌等因素制约，也饱受用户端媒介使用行为转变的影响。在传统的大众传播进入分众传播、自媒体传播、人工智能传播等新形态传播的当下，全新的新闻生产工具一方面为记者带来更多元的消息来源、更快速的生产方式和更有效的传播渠道，加强了传播者与信息接收者的对话，但同时也改变了新闻业的接收环境。在中国，移动互联网、智能手机的普及速度远快于其他媒介，并迅速占领了乡镇居民的媒介使用和接收空间。以快手平台与乡镇青年的互动为例，快手大数据研究院将居住在三线及以下城区用户及县城、镇区、乡村、城乡接合部18～35岁青年称为"小镇青年"，据统计，每年约有2.3亿小镇青年活跃用户，发布出28亿条以上的视频、获得800亿以上的点赞和180亿以上的评论，每年视频播放次数高达26000亿次，这些内容的生产、传播和接收多为媒体欠发达地区的青少年，此外，老年群体也是移动社交媒体平台的主要用户。移动互联网下的媒介环境对县级融媒体中心的影响主要体现在两方面：一是受众借社交媒体平台成为自媒体传播者，分散了机构媒体作为权威传播者原有的话语权和受众注意力资源；二是移动互联网上大量碎片化、娱乐化内容成为受众接收的主要信息内容，既改变了受众的深度阅读能力和信息接收偏好，也进一步影响了机构媒体的内容生产和评价标准，深耕内容、影响社会的媒体目标逐步转向对渠道、平台和点击率的推崇，而这一转变又将中西部县级融媒体中心推至全网，增加了其转型发展的压力。

在此背景下，建设县级融媒体中心不仅是顺应全媒体发展规律、提升县级媒体发展质量的必然选择，而且也是壮大主流阵地、服务人民群众的必然要求，对于全面推进融媒体建设、打通传播最后一公里、最大限度凝聚和服务人民群众具有重要价值。自习近平总书记在2018年全国宣传思想工作会议上将其作为国家战略提出后，各省积极贯彻落实中共中央关于推动媒体融合发展的战略部署。2019年年初，习近平总书记就"推动媒体融合向纵深发展"提出了明确目标："使正面宣传质量和水平有一个明显提高"，必须"占据舆论引导、思想引领、文化传承、服务人民的传播制高点"，对县级融媒体中心的建设提出新的要求。2020年9月，中共中央办公厅、国务院办公厅印发《关于加快推进媒体深度融合发展的意见》，要求逐步构建网上网下一体、内宣外宣联动的主流舆论格局，建立以内容建设为根本、先进技术为支撑、创新管理为保障的全媒体传播体系，这对将县级融媒体中心建设成为新型主流媒体提出了新的融合发展要求。推进媒体深度融合、实施全媒体传播并建强用好县级融媒体中心也进入"十四五"规划，为未来媒体发展和行业规划指明了方向。

根据中宣部要求，2020年年底基本实现县级融媒体中心的全覆盖，就目前的建设情况来看，各省全面推进县级融媒体中心的建设和纵深发展，对党报党刊、广播电视台、都市类媒体和新闻网站持续改革，基本实现了县级传统媒体与新媒体从相"加"到相"融"的改革。整体而言，全国已基本实现了县级融媒体中心的全覆盖，在发挥融媒体报道、舆论引导、服务群众方面起到不可忽视的积极作用，并在建设模式、报道内容、人才建设方面积极探索，涌现出较多实践创新的典型案例。

然而，即便是在第二届全国县级融媒体中心能力建设年会上表彰的2021年全国县级融媒体中心能力建设十大典型案例、十佳创新案例，也极少具有全国知名度、影响力的县级融媒体中心品牌，较少具有全国热度的本土新闻传播，在媒体欠发达地区，部分群众仍处于融媒体信息传播的真空区域，而有些融媒体中心的工作人员显现出消极建设的趋势，依赖"抄一抄""转一转""等靠要"，在提升各新媒体平台的影响力、舆情监测和引导功能方面仍有较大的发展空间。在有限的移动互联网空间内与自媒体、社交媒体的娱乐化、碎片化信息抢占注意力资源，在有限的时间里全面提高基层传播水平和质量，在媒介融合进程中激活党的宣传力量，做好引导和服务群众工作，实现县级融媒体中心从"上线"到"相融"的转化，并以融媒体建设促进地方产业结构转型和文化强省建设，需要学者立足县级融媒体中心尤其是媒体欠发达地区的县级融媒体中心建设，直面问题、寻找策略，从学术层面做好推进县级融媒体中心纵深发展的深入研究。

因媒介欠发达地区地域广、县级融媒体中心数量庞大，在综合笔者研究资源、研究可行性的考量下，本研究选取山西省县级融媒体中心作为主要研究对象，通过对其顶层设计、建设现状、建设模式、受众需求、未来发展策略和助力文化强省路径的系统研究，以期对县级融媒体中心纵深建设提供镜鉴。

第二节　研究目标与框架思路

作为我国"四级办"传媒格局中的基层传播主体，县级媒体承担着基层思想文化建设、主流舆论建设的基本任务，也承受着媒体转型期内体制、资金、人才等方面的困扰，对其改革不仅是顺应媒体发展规律的必然选择，而且具有重要的政治价值和思想宣传价值。

媒体发展水平较低的中西部地区县级融媒体中心建设难度高于东部发达地区，而发达地区在县级融媒体中心的发展模式、用户需求、突围思路方面的探索成果对中西部地区的推广性也相对较低。因此，本书关注在信息市场话语权较弱的中西部县级融媒体中心，将山西省县级融媒体中心的建设作为主要研究对象，以中西部基层媒体的实践为研究载体和建设案例，从理念技能、用户需求和操作模式三个方面深入研究县级融媒体中心通过资源整合、数字化转型来建设新时代治国理政的新平台的策略，并探讨如何以县级融媒体中心建设为突破口构建"互联网＋媒体＋智慧政务＋政府数据公开＋智慧城市运营"的智能媒体新平台，以中西部媒体崛起来促进当地产业结构转型和文化强省建设。

具体而言，本书要解决理论、实践层面的以下问题：

1. 理论问题：

（1）定位与目标：在媒体欠发达地区，县级融媒体中心的定位与建设目标是什么？县级融媒体中心的建设为当地改革发展提供了哪些机遇？

（2）发展模式：适合中西部地区县级融媒体中心发展的模式是什么？

（3）队伍建设：如何建设县级融媒体中心的人才队伍？如何解决

从业人员的本领恐慌？

2. 实践层面：

（1）现状与问题：中西部地区县级融媒体中心的建设现状是什么？现存什么问题？

（2）受众需求：民众对于县级融媒体中心的信息和服务有何需求？

（3）未来策略：未来如何推动中西部地区县级融媒体中心的纵深发展、基层延伸？

本书的研究框架如图1-1所示。

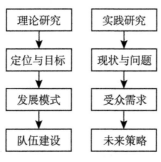

图 1-1　研究框架

第三节　文献综述

县级机构在党的组织结构和国家政权结构中处于承上启下的关键环节，而县级媒体则是我国"四级办"传媒格局中的基层传播主体，对于有效做好上传下达工作、建设群众思想教育平台并以媒体促进当地文化建设具有不可忽视的重要作用。随着智能终端和移动互联网在县级尤其是乡镇、农村的迅速普及，居民有限的注意力资源被智能手机所分散，县级媒体在积极探索转型改革的同时也面临注意力资源减弱，资金、人才匮乏等因素的困扰。随着乡村振兴战略的推进，县级媒体的转型发展也进入国家战略层面：2018年8月21日，习近平总书记在全国宣传思想工作会议上明确提出建设县级融媒体中心这一国家战略；2019年1月25日，中共中央政治局第十二次集体学习上，习近平总书记强调要创新理念思路、体制机制、方式方法，进一步推动媒体传播向基层拓展、向群众靠近，为人民群众提供更多更好的文化和信息服务。为响应国家对基层媒体发展的部署，中宣部和国家广电总局连续出台一份文件——《县级融媒体中心建设规范》，以及四份建设县级融媒体中心的规范标准——《县级融媒体中心省级技术平台规范要求》《县级融媒体中心网络安全规范》《县级融媒体中心运行维护规范》《县级融媒体中心监测监管规范》，为县级融媒体中心的建设提供了规范性的指导和思路。2022年中央一号文件《中共中央 国务院关于做好2022年全面推进乡村振兴重点工作的意见》发布，要求依托新时代文明实践中心、县级融媒体中心等平台开展对象化分众化宣传教育，弘扬和践行社会主义核心价值观，从宣传策略、内容和目标方面对县级融媒体中心提出新要求。

　　学界对县级融媒体中心的研究与国家对此战略的提出、推进和基层媒体实践紧密相关。从在中国知网对"县级融媒体中心"这一主题的搜索结果来看，2017年12月，杨志国首次讨论了融媒体中心在县级平台的发展策略，之后王晖、侯健美等以江西、北京等地或两会报道等特定实践来讨论县级融媒体中心的现状与发展策略。① 随着乡村振兴战略的推进和媒体转型改革的发展，县级融媒体中心建设在全国火热开展，该话题也成为学界的研究热点、重点，陈力丹、夏琪经研究发现，县级融媒体中心建设成为2018年中国新闻传播学研究的新鲜话题，② 2019年起每年约有700篇以上的学术研究体量，研究主题集中于媒体融合、

---

① 杨志国. 融媒体中心在县级台如何发展 [J]. 科技传播，2017，9（23）：51-52；王晖. 创新传播手段 打造舆论新平台——江西日报社以"赣鄱云"推进县级融媒体中心建设的探索与实践 [J]. 新闻战线，2018（9）：6-8；侯健美. 打通媒体融合的"最后一公里"——北京市区级媒体融合现状分析 [J]. 新闻与写作，2018（6）：81-84.

② 陈力丹，夏琪. 2018年中国新闻传播学研究的十个新鲜话题 [J]. 当代传播，2019（1）：15-20.

主流媒体、基层媒体、技术平台等方面，黄楚新、谢新州、陈国权等专家学者对此话题尤为关注。

截至 2022 年 3 月，中国知网上有 2539 篇以"县级融媒体中心"为主题的研究论文或报告，学术搜索引擎中有 83 部专著或年鉴。论文方面，现有研究多从个案角度研究县级融媒体中心的现状、困境、机遇、经验，如覃倩、覃信刚强调地方党委、政府应抓住机遇推动融媒体中心建设走稳走快走好，其建设重点是要做好机构融合和平台构建；① 陈国权等认为打通县级传播的最后梗阻需要下沉到乡镇渠道、挖掘基层群众潜力，以短视频为当前着力点；② 刘勇、沙垚以玉门市为案例提出了"新闻+政务+应用服务"的思路，从而解决长期存在的功能重复、内容同质、力量分散等问题。③ 也有学者如朱春阳、胡正荣、谢新州、陈国权、李彪等从宏观角度研究了县级融媒体中心的定位、发展模式、关键环节、路径选择、发展机遇等问题，对全国县级融媒体中心的建设具有指导价值。④

专著方面，与县级融媒体中心建设直接相关的成果较少，谢新州从理论和实践角度分析了县级融媒体中心建设的背景、意义、发展现状和战略机遇；⑤ 郑亮在梳理融媒体建设和基层社会治理理论的基础上，探

①　覃倩，覃信刚．我国县级融媒体中心建设之思考 [J]．中国广播，2018（12）：26-28.

②　陈国权．中国县级融媒体中心改革发展报告 [J]．现代传播（中国传媒大学学报），2019，41（4）：15-23.

③　刘勇，沙垚．县级融媒体中心之玉门经验 [J]．新闻战线，2018（17）：96-97.

④　朱春阳．县级融媒体中心建设：经验坐标、发展机遇与路径创新 [J]．新闻界，2018（9）：21-27；胡正荣．打造 2.0 版的县级融媒体中心 [J]．新闻界，2020（1）：25-29；谢新州．县级融媒体中心建设的四梁八柱——融合、创新、引导、服务 [J]．新闻战线，2019（3）：45-47；陈国权．中国县级融媒体中心改革发展报告 [J]．现代传播（中国传媒大学学报），2019，41（4）：15-23；李彪．县级融媒体中心建设：发展模式、关键环节与路径选择 [J]．编辑之友，2019（3）：44-49.

⑤　谢新州，等．县级融媒体中心建设理论与实践 [M]．北京：电子工业出版社，2019.

讨了县级融媒体中心助力基层社会治理的理论逻辑与实践路径;① 深圳报业集团舆情与传播研究院编纂了《新传播》，汇编了县级融媒体中心的相关论文，高仁斌②、徐希之③关注四川富顺、江苏邳州融媒体中心建设案例，研究其做法、困境和可推广的经验，浙江大学出版社出版了《中国市县融媒体中心建设研究报告》，对本研究具有借鉴价值。

　　国外研究方面，虽然较少国外学者直接关注"县级融媒体中心"，但与之相关的媒介融合（media convergence）近年来一直是国际研究的热点。媒介融合这一概念与新媒体紧密相关，"新媒体"（new media）从美国哥伦比亚电视网技术研究所 1967 年的一份商业报告中开始使用，后美国传播政策总统特别委员会主席 E·Rostow 于 1969 年在给时任总统尼克松的报告中多次提及，此后这一概念开始流行，至今已 50 多年，但因媒体技术的不断更新，尚未形成统一的定义。广义上的新媒体指所有与传统媒体不同的媒体，狭义则指基于计算机网络技术、通信技术的新兴媒体。廖祥忠认为当下的新媒体是"以数字媒体为核心的新媒体"——通过数字化交互性的固定或移动的多媒体终端向用户提供信息和服务的传播形态，这是媒介融合的主要动力和方向。各国的媒介融合理论、实践在此不予赘述，但中国的县级融媒体中心尚未引起国际学术界的广泛关注，仅有的少数研究为中国学者研究新媒体技术下中国媒体的融合经验、出路等话题，中国的县级融媒体中心尤其是媒体欠发达地区的县级融媒体中心的国际传播仍有极大的探索空间。

　　综上所述，现有研究多着眼于特定县级融媒体中心的建设案例，整体而言，经验的总结或理论层面的"思考""刍议""浅析"较多，从宏观架构角度系统研究县级融媒体中心的定位、发展模式和策略的研究相对较少，而中西部地区县级融媒体中心的发展困境、发展模式、受众

---

① 郑亮. 县级融媒体中心和基层社会治理研究 [M]. 广州：暨南大学出版社，2020.

② 高仁斌. 县级融媒体中心运营案例 [M]. 成都：四川大学出版社，2019.

③ 徐希之. 银杏融媒 县级融媒体中心建设的邳州实践 [M]. 北京：中国广播影视出版社，2019.

需求和发展策略尚未得到学界的充分关注，其受众需求、建设现状及与当地发展的互动研究薄弱。就研究方法而言，现有研究多为思辨研究，部分采用田野观察、深度访谈方法，以问卷调查方法了解中西部受众需求的现有成果较少，本研究具有较大的学术研究空间。

第四节　研究方法

针对研究目标，作者选取山西省县级融媒体中心作为研究案例，在文献研究的基础上，通过问卷调查法、深度访谈法来了解山西省各融媒体中心的理念技能、用户需求和建设模式，并通过哲学思辨法来获得具有推广性的系统研究成果。具体的研究方法如下：

（1）问卷调查法：因疫情影响，原定的线上线下相结合的问卷调查方式改为线上问卷调查，于2021年2月通过问卷星对山西省居民发放500份问卷，因问题均设为"必答"题目，漏答无法提交，因此回收的500份问卷均为有效问卷。问卷对山西居民的媒体使用习惯、居民对于县级融媒体中心的认知度和政务服务信息的需求有详细设置。为提高研究的针对性，问卷发放尽力做到年龄、职业、所在地级市的均衡，问卷详见附录1。

（2）深度访谈法：对山西省部分县级融媒体中心的负责人及一线工作人员、当地居民和专家学者（中国人民大学、中国社会科学院大学等知名科研院所）共30人进行访谈，以深入了解融媒体中心建设现状、用户需求、有效的发展模式及与当地发展的互动策略。

（3）哲学思辨法：结合新闻学、传播学、政治学、社会学的相关知识，在田野调查研究方法和现有文献研究方法的基础上，采用归纳演绎法，通过对山西县级融媒体中心的顶层设计、建设现状、发展模式及策略等内容的深入研究，以发现中西部地区县级融媒体中心的建设现状和面临的困境，提炼出行之有效的操作模式和理念融合路径，从较宏观的层面获得提升融媒体中心影响力的对策。

第五节 研 究 价 值

本研究具有较强的学术研究价值、政治价值和媒体实践价值。

第一，学术研究价值。本研究以山西省县级融媒体中心纵深建设的现状和未来发展策略为例，同时关注全国尤其是中西部地区县级融媒体中心建设的理论和实践。将县级融媒体中心的建设放置于数字媒体时代、媒体转型发展及乡村振兴等国家战略背景下，采用量化、质化和思辨研究相结合的研究方法开展系统的研究，不仅可以从学术层面探索数字媒体时代地方媒体、基层媒体转型发展的顶层设计、发展模式、纵深发展路径和助力地方发展策略，为基层媒体的转型发展提供系统的学术支持，而且可以跳脱以新闻传播学研究媒体发展的局限性，融合新闻传播学、社会学、政治学等学科知识，在媒体融合的背景下深层探索媒体与用户、媒体与社会发展、基层媒体与基层治理的双向关系，完善政治传播、互联网新闻学等领域的相关研究成果。此外，对基层媒体在数字媒体时代转型发展的学术研究也具有较大的学术针对性和创新性。

第二，政治价值。本研究通过对中西部地区县级融媒体中心的案例研究，旨在推动县级融媒体中心向纵深发展，一是可以运用信息革命、学术研究成果，做大做强主流舆论阵地，以县级融媒体中心打通信息传播的"最后一公里"，确保政治信息传播的有效性。二是可以通过顶层设计、发展模式和发展策略的完善进一步发挥基层媒体对政务服务的辅助功能，以媒体信息策划、生产、传播的转型改革来服务基层群众，以信息产品的有效供给满足群众日益增长的精神、物质需求，进而促进群众与政府沟通的顺畅性和联系的紧密性。三是以县级融媒体中心的建设助力当地经济的发展，数字媒体时代实现了技术对全体信息传播者的赋权，中西部县级融媒体中心的纵深发展不仅可以通过爆款产品的生产来提升中西部媒体欠发达地区在信息市场的影响力，而且可以通过媒体发展带动文化产业、信息技术产业的发展，服务农副产品网络销售，提升当地旅游业等第三产业的知名度，为当地的经济发展提供精神力量、舆论支持和发展机遇,助力当地经济发展。四是县级融媒体中心的建设也是对外传播的窗口,一方面,其媒体顶层设计、发展模式及经验在全球具有可推广性,依赖地方媒体的发达国家和媒体发展水平有限的发展中国家均可借鉴我国县级融媒体中心的建设经验;另一方面,作为对外传播的微观话语主体,县级融媒体中心在提升本土影响力的基础上还可通过社交媒体平台展现真实的中国政府、中国共产党执政成效,提升我国、我党对外传播的说服力和可信度,进而提升国际话语权。

第三,媒体实践价值。县级融媒体中心虽然有《县级融媒体中心建设规范》指导,但部分县级融媒体中心仍存在"挂个牌,等靠要;抄一抄,转一转"、人才管理"高端人才进不来,优秀人才留不住,存量人员无大用,低效冗员出不去"等问题。基层媒体的数字化转型和融媒体改革是长期工程,本研究将县级融媒体中心的国家政策、实践经验与中西部发展特色相结合,围绕干部群众最关心的问题进行深入研究,具有宏观指引性和主体针对性;研究方法凸显实证主义方法在媒体研究中的应用,并将实证与思辨方法相结合,增强了成果的现实观照和理论深度。通过对中西部县级融媒体中心建设的顶层设计、建设现状、发展模式、人才队伍、受众需求和未来对策等内容的系统研究,可以回应县级融媒体中心一线工作人员最关心的问题,减少媒体发展实践中的困扰,同时也可以通过县级融媒体中心的建设实现基层媒体的数字化转型和线上政务服务平台的建设,具有较大的媒体实践价值。

第二章 顶层设计：县级融媒体 中心的定位、发展目标

做好顶层设计是建设县级融媒体中心的前提。顶层设计是对县级融媒体中心定位、目标、政策等的宏观设计和总体规划，具有全局统筹性、方向引领性、方法指导性及各因素关联性，同时也决定着各融媒体中心及其工作人员的工作定位和具体实践，直接影响着县级融媒体中心的建设实效。

作为县级融媒体中心建设的宏观设计和实践蓝图，其顶层设计要做基层媒体定位、现有功能协调、各构成要素的结构规划和资源分配等工作，这不仅是中央高层对基层媒体发展自上而下的规划构想，而且是基层媒体转型发展的迫切需要，具有自下而上的实践动力。就前者而言，党的十八大以来，以习近平同志为核心的党中央高度重视媒体融合发展，尤其是基层媒体的转型发展，如 2018 年 8 月，习近平总书记在全国宣传思想工作会议上发表重要讲话，指出"要扎实抓好县级融媒体中心建设，更好引导群众、服务群众"；2020 年 9 月，中共中央办公厅、国务院办公厅印发的《关于加快推进媒体深度融合发展的意见》，明确了媒体深度融合发展的总体要求，提出完善中央媒体、省级媒体、市级媒体和县级融媒体中心四级融合发展布局；党的十九届五中全会通过的《中共中央关于制定国民经济和社会发展第十四个五年规划和二〇三五年远景目标的建议》提出，"推进媒体深度融合，实施全媒体传播工程，做强新型主流媒体，建强用好县级融媒体中心"，等等。这些讲话、文件对县级融媒体中心的顶层设计主要集中于：发挥新媒体技术的核心优势，促进基层传统媒体融合转型发展，推动主流媒体进军互联

网主战场，建设新型主流媒体，构建全媒体传播体系，从而强化党和政府、媒体与群众的连接，走好数字媒体时代的群众路线，满足群众对信息产品的需求。

　　就后者而言，基层媒体则体现出强烈的转型发展需求和模糊的发展定位的矛盾。多数县级融媒体中心面临资金缺乏、媒介技术落后、内容产品吸引力有限、受众流失、人才队伍结构欠佳及本领恐慌等问题，主管部门、媒体负责人及一线员工具有强烈的转型发展需求和意愿。自发展县级融媒体中心成为国家战略后，经近四年的建设，全国县一级政府基本完成对县级融媒体中心的资源整合，建成2000余家县级融媒体中心，实现了挂牌、上线，但实现从挂牌、上线到资源融合、纵深发展的转化，实现基层新型主流媒体建设，并以县级融媒体建设促进地方产业结构转型和文化强省建设仍有较大的距离。从调研、访谈的结果来看，部分一线工作人员、负责人并不明确县级融媒体中心的定位和发展目标，仍在传统媒体的媒介融合这一"媒体圈"中打转，并未将县级融媒体中心与互联网、线上政务服务、智慧城市建设、当地经济发展及群众信息产品需求等"媒体圈"外的社会因素实现联动共享，即使县级融媒体中心在微信公众号、抖音、快手等媒体平台开通账号、发布媒体内容，将县级广播电视台、报社等媒体编辑室、人员融为一体，但部分一线工作人员仍感到"与县级融媒体中心建设之前没有本质变化"，因此也无法实现媒体资源与网络、受众、政务、当地发展等因素的整合，更无法实现从信息生产和传播至信息服务、政务服务、经济服务能力的转型和提升。这是全国县级融媒体中心建设的共性问题，根源在于基层对县级融媒体中心的顶层设计认知不明晰，这主要来自对政治因素的过度倚重、对媒体发展规律的认知不足、对市场规律的忽视或过度倚重这三个因素的影响。

　　第一，对政治因素的过度倚重。县级融媒体中心作为引导、服务群众的全国性工程和巩固基层舆论阵地，建设新型主流媒体的重要渠道，是依靠党和国家政治力量推动形成的国家战略，政治因素在其建设过程中起到关键作用。县级融媒体中心的前身——县一级广播电视台、报社等媒体作为官方媒体，自成立以来就是体制内构成要素，确保政治正确不仅是日常工作的基本要求，而且也成为县级融媒体中心媒体实践的基因和传统，并赋予其正式工作人员以"铁饭碗"的职业稳定性。然而，县级融媒体中心若过分倚重政治因素的主导作用，一味完成当地党政机关的宣传任务，忽视融媒体中心的服务水平、群众评价和现实影响力，融媒体中心的工作人员就容易滋生"懒政思想"，在新闻信息传播中容易偏重政治硬新闻的"宣传"，而轻群众迫切关注、需要的民生服务和政务服务，在具体的内容生产实践中易产生路径依赖，将中央、省、市、区四级主要领导人的讲话、指示、活动或会议作为主要报道内容，"转一转""等靠要"成为工作常态，从而陷入政治硬新闻的消息传播中，忽视信息产品的服务功能。这些行为意味着县级融媒体中心过度倚重政治信息传播，将自身定位为传达各级党委政府精神的传声筒，而非新闻+政务+服务的全媒体中心，这不仅会造成宣传资源、财政资源的大量浪费，而且不利于生产本地化、满足民众需求、服务当地发展的媒介产品，导致县级融媒体中心的影响力难出宣传部，也不利于缩短官民距离、打通信息传播的"最后一公里"，让普通民众真正使用、接受、信任和依赖，更不利于本县形象走向全省、全国、全球，以官方县级媒体连通本地与外部世界，导致对外传播功能严重缺失。

第二，局限于媒体发展的小圈子中，对媒体发展规律的认知不足。县级融媒体中心是媒体发展规律驱动的必然改革，早在2014年，习近平总书记就指出要"着力打造一批形态多样、手段先进、具有竞争力的新型主流媒体，建成几家拥有强大实力和传播力、公信力、影响力的新型媒体集团，形成立体多样、融合发展的现代传播体系"，以县级融媒体中心构建主流媒体自主可控的新型互联网传播平台、现代传播体系，确保基层传播的有效性，是建设县级融媒体中心基本的专业思路。在移动互联网时代，受众端的信息接收行为和偏好发生明显变化，大量碎片化、娱乐化内容构成受众的信息环境，这些信息容易获得、趣味性强且契合受众个人接收偏好，经大数据算法推荐实时推送到受众的智能设备终端，相比县级融媒体中心常规传播的政治硬新闻更具吸引力和接近性，而受众在特定场合关注的信息如当地疫情最新动态、疫情防控最新政策等内容，受县级融媒体中心信息生产流程等因素限制，常晚于各类互联网平台。因此，在当前媒体环境下，县级融媒体中心若局限在媒体圈中，将县级融媒体中心定位于传统媒体的新媒体改革，延续常规的当地党政机关的传声筒功能，通过财政资金支持采购新设备、增设社交媒体平台账号等外在行为，是无法实现构建新型主流媒体、增加用户黏性、巩固基层舆论阵地等目标的。媒体未来发展的方向在于从信息生产者转型为信息服务提供者，县级融媒体中心的发展方向也需从政治硬新闻的传播者转向政务及信息服务的提供者，若局限于媒体这一小圈子内，则容易形成局限的建设思维，不仅忽视了政务服务、民生服务、舆情监测、社区重建等作为空间，而且会在建设中将有限的资金、人力仍偏向于传统媒体在媒体圈中的进一步完善，导致县级融媒体中心的发展定位发生偏差。

第三，忽视或过度倚重市场因素。这两个定位是市场因素的两极，但在现实中均有所表现。整体而言，无论是传统的宣传部门、县级各媒体还是数字媒体时代县级媒体的新形态，作为政治传播的组成部分，其经费来源于财政拨款，因此市场盈利并非县级融媒体中心建设的核心目标和主要资金来源。然而，商业属性是新闻媒体的本质属性，过度依靠财政拨款、忽视市场因素，不仅容易使新闻工作者产生"懒政"思维、消磨其新闻热情，而且难以确保新闻产品的质量、新闻事业的投入产出比，进而在社交媒体时代难以生产出具有吸引力的信息产品，最终失去其影响力。也有县级融媒体中心未把握好商业属性与公共服务属性的平衡，在建设中过度倚重市场因素、迎合受众需求，将点击率、收视率作为评价产品和吸引广告商的关键因素，这种行为则属于矫枉过正，不仅因大量广告、过度娱乐化表达失去了官方媒体应有的公共性、严肃性，而且对社会风气造成不良影响，且易因盈利的管理、分配等不完善产生后续的经济问题。

上述影响县级融媒体中心形成正确定位的三大因素也是未来县级融媒体中心建设中需着重关注的因素。唯有避免这些影响因素，完善顶层

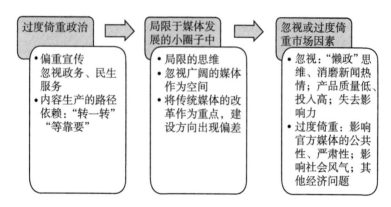

图 2-1　影响县级融媒体中心正确定位的三大因素

设计，将县级融媒体中心定位于引导、服务群众的平台，政治沟通的桥梁，基层治理、智慧城市建设的契机，并以媒体转型促进全省经济文化发展，才能建设好县级融媒体中心，最大限度发挥县级融媒体中心的功能。

第一，引导、服务群众的平台。民心是最大的政治，民生也是最大的政治，县级融媒体中心若定位于引导、服务群众的平台，则可以赢得民心、改善民生，实现习近平总书记提出的这两大政治目标。县级融媒体中心需提高站位，立足本地，明确定位，在遵循媒体发展规律的前提下跳脱媒体这一小圈子，切实成为引导、服务群众的平台。

在当前传媒环境下，县级融媒体中心的社会影响力受到自媒体、社交媒体的冲击，娱乐性、趣味性、碎片化的媒介产品分散了群众有限的注意力资源，算法与智能推荐又不断地将这些信息推荐至智能终端，其中智能手机实现了通信工具与社交工具的融合，导致此类信息形成对用户的全面包围。这一方面侵占了县级融媒体中心发挥影响力所需的注意力资源，导致用户流失，主流舆论阵地的影响力受到挑战；另一方面，自媒体传播者多为非专业传播者，既不掌握权威的信息来源，多数也不具备专业的传播手段和既有资源，内容多为与用户日常生活相关的技巧、知识或娱乐信息，这也恰为机构媒体的权威性、可信性提供了充足的发展空间，在移动互联网时代，机构媒体对公众舆论的代表性和服务性得以凸显。

　　具体而言，在引领群众方面，县级融媒体中心需围绕当地中心工作、服务大局，紧贴县委县政府工作主向、民生服务主责，突出地方特色，提高信息服务的快捷性，确保各类信息产品内容质量，发挥百姓身边媒体的先天优势，通过高质量信息的呈现、地方活动的传播、模范群众形象的宣扬等形式来实现对群众的引领，从而以有效的县级融媒体中心信息传播掌握主流舆论阵地，补全中央-省级-市级-基层媒体这一信息传播体系，以权威、有用、重要、接近、有趣的当地政治信息扩展党和政府相关政治信息的辐射面，实现此类信息对全体群众的精准传播，并在做好政治传播的基础上，辅以符合社会主义核心价值观、宣扬真善美的软新闻，从而重构以娱乐化为主的社交媒体舆论环境，真正发挥对基层群众的信息引领、社会动员、组织功能。

　　就服务群众而言，县级融媒体中心的作为空间则更为广泛。以疫情防控为例，虽然群众具备了使用互联网查找疫情防控政策的设备条件，但互联网疫情防控信息对该县、该社区的针对性较弱，导致校友群、老乡群等微信群和自媒体微信公众账号成为近年来跨省出行咨询当地疫情防控政策的主要渠道，而权威信息缺乏恰好也为县级融媒体中心提供了重获群众信赖、增加用户黏性的机遇，但就现阶段疫情防控信息服务而言，多数基层主流媒体未满足群众信息服务需求。县级融媒体中心可转变思路，在丰富服务功能上加强设计，紧密结合当地经济社会发展实际，把握群众实际需求，以服务本地群众为重要目标确定融媒体的具体服务功能，想群众之所需、解群众之所困，如可以增加县级单位政务服务功能，打通县级融媒体中心信息平台与税务、民政、交通、医疗等部门的链接，方便群众办事，不断拓展便民服务项目，将其建设为群众信息、政务服务的第一平台；也可以引入在线培训、在线网络文化活动等服务功能，例如，推广对老年群体和青少年群体的媒介素养教育，提升民生服务的针对性和有效性；县级融媒体中心还可将平台作为地方产品的传播平台，邀请政府机关领导人、当地明星做代言人或开展网络直播，既可提高地方产品的知名度，促进地方经济发展，也可以消除平台资本对农民的压榨，真正提高农民收入。通过种类丰富、渠道畅通、产品贴心的县级融媒体平台来服务当地群众，让群众真正用起来、离不开，是县级融媒体中心顶层设计中最关键的一环。总体而言，县级融媒体中心的建设需将"服务群众"作为核心定位，以群众的需求为导向，在"服务+"思维指导下来开展新闻传播、政务服务等其他工作，为群众提供精准化、个性化、高质量的各类服务，建设成为满足群众信息服务需求的一站式平台。

第二，政治沟通的桥梁。中国的主流媒体既是党和政府的耳目喉舌、展示党和政府形象的窗口，也是民众的耳目喉舌，既代表民众进行舆论监督，又为民众提供发声维权的平台。县级融媒体中心也是如此，不仅是连接党和政府、民众和对外传播的纽带和交汇点，更是诸多政治沟通纽带中覆盖范围最广的末梢，对于打通政治沟通的"最后一公里"至关重要。作为政治沟通的桥梁，县级融媒体中心可从以下三方面进行顶层设计：

首先，于地方、上级政府而言，县级融媒体中心可作为政务信息传播的主要平台、具有针对性的地方智库平台。十九大报告指出，政府机构和行政体制改革归根结底是要"转变政府职能，深化简政放权，创新监管方式，增强政府公信力和执行力，建设人民满意的服务型政府"，县级融媒体中心，可作为政务信息的主要平台，整合电子政务功能，优化政府管理流程，搭建公民网络参政的平台，将全县民众凝聚到县级融媒体中心中，在上情下达、下情上达的政务服务中建立政府与公众良好的互动机制。地方智库平台方面，由于国家智库着眼全局，对地方的指导性强于针对性，而以县级融媒体中心为平台建立与当地经济、政治、社会、文化、生态五大建设相对应的、规模适度的地方新型智库体系，可以全面收集对本地发展有益的言论、建议，也可以及时发布、收集当地发展所需的一手信息、民情，对于服务当地发展具有极强的实践性。

其次，于地方民众而言，县级融媒体中心既可以为民众提供政务信息和便捷的政务服务，而且可以创新舆论引导模式和载体，将传统的政府信箱转变为线上留言平台、当地事务公共交流平台，既可以此来建立新兴媒体的快速反应机制、全媒体联动机制和舆情监测机制，拓展舆论引导阵地和渠道，在日常舆论宣传中发挥其重要作用，也可以将县级融媒体中心由媒体转变为当地公共信息交流服务平台，以主流媒体阵地建设主流公共平台，更好地实现舆论引导功能，确保民众与政府的顺畅、及时沟通。

最后，在联结当地与外部的对外传播中，县级融媒体中心也大有可为。现有对外传播体系主要依托中央媒体和海外华文媒体，这些媒体多着眼宏观，对地区个案尤其是中西部经济文化发展较慢的地区关注不足。省级、区县级媒体是当地对外传播的第一发言人，对当地具有更强的代表性和说服力，但多数省级、区县级媒体在对外传播中处于失语的境地。因此，可将县级融媒体中心作为对外传播的主阵地和话语主体，一方面，能以微观主体、一线视角推广本地的建设成果、传统文化，提高对外传播的可信度和有效性，全国2000余个县级融媒体中心参与对外传播必然有助于在国际社会展现真实的中国共产党、中国政府形象，改善海外受众的刻板成见，进而提高中国的国际话语权；另一方面，县级融媒体中心还可以通过有效的对外传播提高本土产品的出口量，同时吸引外商、侨商投资本地经济，进一步带动当地经济发展。

第三，基层治理、智慧城市建设的契机。县级融媒体中心不仅是传统媒体的新媒体改革或市场化改革，而且是凸显媒体公共属性、政治属性的基层治理改革，政治目标是其主要目标。然而，在移动互联网时代，民众被琳琅满目的社交媒体划分成更为分散的原子形态，其有限的注意力资源被侵占，舆论主体的多元性、传播渠道的移动化、舆论生产的情绪化增大了生成共识的难度，其政治参与的热情、兴趣、精力因有限的参与平台、多元的社交媒体而骤减。此外，由于部分群体媒介素养的缺失，存在数字媒体时代信息的孤岛和基层治理的盲区，基层治理空心化、组织涣散问题突出，重建基层公共性社区，吸引群众加入社区讨

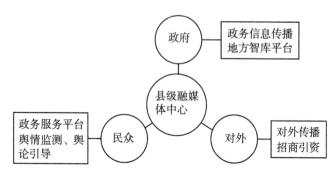

图 2-2　县级融媒体中心作为政治沟通的桥梁

论、社区建设，增进其认同感、合作能力有极强的必要性。作为基层社会治理的枢纽，县级融媒体中心既可以成为民众与政府沟通的桥梁，通过畅通的渠道确保基层群众诉求的有效、规范表达，维护群众权益保障，将矛盾化解在基层，又可以通过与民众诉求相关的利益部门的顺畅联系实现信息沟通和利益协调，推动基层社会治理转型与治理能力提升，对于数字媒体时代基层治理水平的提高影响深远。

　　另外，由于多数县级融媒体中心的受众以农民、城镇居民为主体，农村居民是其传播主体，考虑到中国的城市化水平滞后于世界同等发展水平国家，也滞后于我国工业化水平，因此可以县级融媒体中心的建设为契机，打破现有的农村、城市二元分割，将县域范围内的所有乡村、城镇的信息、居民集中起来，通过凸显当地特色的信息产品供应、畅通无阻的地域信息传播、覆盖全面的地方政务服务、助力当地经济发展的媒体推广等方式，将媒体转型、服务群众与城市发展结合起来，在移动互联网环境下推广智慧城市建设，提高城市的现代化和智能化水平，并以融媒体中心带动全省城乡均衡、快速发展，有极强的现实必要性和可行性。

　　第四，以媒体转型促进全省经济文化发展。县级融媒体中心在提高服务群众水平、促进政治现代化、提升县域经济和文化发展的同时，也是推动全省经济文化发展的重要助力。中央十四五规划明确提到，要推进媒体深度融合，实施全媒体传播工程，做强新型主流媒体，建强用好县级融媒体中心。融媒体中心是能够把多种具有媒介属性和功能的介质融合起来进行智能传播的一种新型媒体系统。作为整合了县级广播电视、报刊、新媒体等资源，开展媒体服务、党建服务、政务服务、公共服务、增值服务等业务的基层融媒体平台，县级融媒体中心建设不仅可以带动大屏幕、无人机、VR、AR设备、写稿机器人、互联网等基础设施建设，建立起微信、微博、客户端、门户网站、手机"五位一体"的融合传播矩阵，创造相应的就业岗位并提高群众获取政务服务、新闻信息的效率，而且作为现代化科技产业的重要构成，在凸显媒体共性的同时发挥媒体市场属性，如深挖当地经济发展数据，发布特定行业领域的市场评估报告，服务当地企业发展，或将媒体影响力与文化产业挂钩，开发具有当地特色的文旅资源、文创产品，或开展教育培训、印刷出版、公关广告、演艺庆典服务，通过媒体带动当地经济文化发展。以山西省为例，在中共中央十四五规划和2035年远景目标的指导下，山西省确定了未来五年关注的十个重大问题："定好位""转方式""新动能""出拐点""强创新""新基建""优体制""破难关""善治理""惠民生"，县级融媒体中心可以依托百度山西人工智能数据标注项目基地、中国电科电子信息科技创新产业园等资源，带动信息、科技、服务、咨询、旅游、文创等新兴产业的发展，促进新兴产业集群化、规模化发展，通过其自身的影响力和注意力资源推动当地产品的销售，使当地企业走出去，外地企业、资本引进来，并以政务服务平台的建设来推动政府改革行政理念、创新政治体制和服务方式，改善中西部地区较为落后的政府治理问题，从而为当地经济开放、招商引资创造良好的政治环境。通过县级融媒体中心的建设最大限度地激发各类建设全省的内生动力，促进全省经济文化的发展，是可行的改革、建设思路。

将县级融媒体中心定位于引导、服务群众的平台，政治沟通的桥梁，基层治理、智慧城市建设的契机，并以媒体转型促进全省经济文化发展，是县级融媒体中心顶层设计尤其需要关注的方面，具体如图2-3所示。

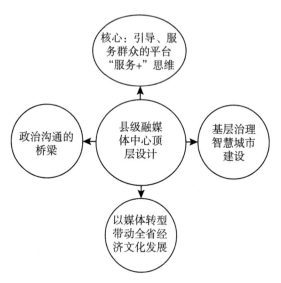

图 2-3 县级融媒体中心的顶层设计

  县级融媒体中心的建设应在遵循中央倡导、中宣部和国家新闻出版广电总局文件精神及媒体发展规律的前提下，立足本省和各县实际情况，进行有针对性、有重点的建设。在建设中，尤其需凸显"融合"这一关键词，将县级融媒体中心与引导、服务群众，政治沟通，基层治理和全省经济文化结合起来，即紧扣"服务+"思维，将引导群众、服务群众这一定位作为核心，紧贴县委县政府工作主向、民生服务主责、人民主体，突出地方特色，通过高质量信息的呈现、地方活动的传播、模范群众形象的宣扬等形式来实现对群众的引领；通过种类丰富、产品贴心的精准化、个性化、高质量服务吸引群众，让群众离不开融媒体中心；在政治沟通中，充当起政务信息传播的主要平台、具有针对性的地方智库平台、政务服务的主要载体、舆论宣传和监测的主要渠道及对外传播的主阵地；在基层治理方面，重建基层公共性社区，提升居民认同感、合作能力，并为城市化发展提供产业化思路和机遇；在以媒体转型促进全省经济文化发展方面，通过媒体的转型发展带动基础设施建设，推动信息、科技、服务、咨询、旅游、文创等新兴产业的发展，促进新兴产业集群化、规模化发展。基于这些明确的顶层设计，在相关主管部门的统一规划协调下，打破县级与中央、省级媒体的壁垒，打破管理界限和媒体、县级各部门间的分隔，将县级媒体的舆论引导功能、政策导向功能、便民服务功能、消费升级服务、政治传播功能、经济发展和文化产业功能等整合到一起，创新工作机制，搭建灵活机动的工作平台，促进各种新闻、服务、政务资源的充分共享、互联互通，纵向上进行开放式、扁平化的管理模式，才能切实推动县级融媒体中心的高水平建设和社会治理体系、能力的现代化。

第三章 中西部地区县级融媒体中心的建设成效与现存问题

整体而言，东部经济发达地区的媒体发展水平较高，相较于东部，多数中西部媒体欠发达地区因较少的传媒服务需求、资金支持和较保守的发展理念成为媒体转型发展的后期跟随者，其媒介产品质量、传媒品牌价值和受众黏性也较低。但县级融媒体中心立足当地、服务当地，而移动互联网、智能媒体技术恰好为中西部提供了县级融媒体中心转型发展、弯道超车的机遇。从 2021 全国县级融媒体中心能力建设十大典型案例来看，四川省双流区、江西省分宜县、湖南省浏阳市、云南省陆良县、甘肃省玉门市、海南省琼海市的区县融媒体中心建设成效显著，为中西部地区乃至全国提供了县域媒体转型发展的典型参照。由于中西部地区范围广泛、县级融媒体中心数量庞大、媒体发展水平不一，笔者在综合研究资源、研究可行性的考量下，选取山西省县级融媒体中心作为主要研究对象，从建设县级融媒体中心所需的媒体发展条件和这些条件在山西省的现状来分析山西省建设县级融媒体中心的媒体基础条件，基于这些条件，详细分析山西省县级融媒体中心的建设成效和现存问题。

第一节 中西部县级融媒体中心的媒体发展条件

建设县级融媒体中心是壮大主流阵地、服务人民群众的必然要求，对于最大限度凝聚和服务人民群众、提高基层治理水平具有重要价值，具有较强的政治色彩，在中共中央统一倡导、部署下，这一国家战略得到全国各级政府的大力支持。鉴于全国县级融媒体中心的政治保障条件相似，考虑到县级融媒体中心的媒体特色，本节着重关注融媒体中心建设所需的媒体发展条件，主要从当地互联网发展水平、媒体发展水平两方面详述。

第一，从互联网普及水平来看，中西部地区互联网普及水平较高，山西省互联网普及水平基本与全国整体水平持平，农村互联网普及率明显高于全国水平，有较为乐观的用户群体和发展条件。在数字媒体时代，移动互联网、智能终端和社交媒体在全国的普及度不断提高，山西省持续推进网络基础建设、布局大数据、云计算等新技术的应用实施，互联网的发展速度较快。截至本书定稿时，近三年的山西省互联网发展报告尚未公布，但以现有山西省 2019 年互联网发展报告和 2020 年 6 月的全国互联网发展状况统计报告的数据来看，山西的网络普及率、手机网络普及率略低于全国，考虑到一年的对比时滞，山西现时的普及率应与全国整体持平。值得注意的是，山西农村网络普及率高达 65.01%，远高于全国的 53.2%，而城市网络普及率则比全国水平低近 10 个百分点。建设县级融媒体中心所在的县级地区城市化水平较低，在连接省市融媒体乃至中央主要媒体的同时，尤其需建立与乡村居民及其自治机构的联结。作为基层文化信息传播的重要平台、广电惠民的服务主体和基层社会治理的主要抓手，县级融媒体中心的主要服务对象是广大农民群体。山西的县级融媒体中心具有良好的用户市场和硬件基础设施，在正确引导社会舆论、弘扬地方优秀文化、普及农业科学知识、加强精神文明建设、服务"三农"、推进城乡一体化建设等方面，有乐观的发展条件和发展前景。另外，还需关注移动互联网对建设县级融媒体中心的助力和需求。移动互联网是 PC 互联网发展的必然产物，它将移动通信和互联网二者结合起来，继承了移动随时、随地、随身和互联网开放、分享、互动的优势。山西省移动互联网普及水平与全国持平，将近 99%的网民选择移动互联网来获取信息，这一媒介使用行为的改变对县级媒体的融合创新发展提出了更迫切的需求，也为其移动化、平台化发展提供了较好的用户条件。

表 3-1   山西与全国互联网发展水平的部分数据对比

	山西（2019）	全国（2020.6）
网民规模/普及率	2439 万/65.4%	9.40 亿/67.0%
手机网民规模/普及率	2412 万/98.9%	9.32 亿/99.2%
城市网民规模/普及率	1458.3 万/65.66%	6.54 亿/75.49%
农村网民规模/普及率	980.7 万/65.01%	2.85 亿/53.2%
来源	http://www.sx.xinhuanet.com/2020-12/07/c_1126828795.htm	http://www.gov.cn/xinwen/2020-09/29/content_5548175.htm

从全国的互联网普及水平来看，根据 CNNIC 发布的第 50 次《中国互联网络发展状况统计报告》，截至 2022 年 6 月，我国网民规模达 10.51 亿，互联网普及率达 74.4%。网络基础设施在全国已全面建成，现有行政村已全面实现"村村通宽带"，贫困地区通信难等问题得到历史性解决，农村地区互联网普及率达到 58.8%，城乡上网差距继续缩小，① 而数字化时代受关注的老年群体也快速融入互联网时代。随着互联网基础设施的普及、上网成本的降低和人民群众对互联网依赖性的增强，县级融媒体中心数字化转型所需的互联网基础设施、用户规模和媒体使用偏好等因素条件良好，中西部地区基本具备了县级融媒体中心建设所需的互联网条件，且未来中西部互联网普及水平必将不断增强，可确保县级融媒体中心的移动化、平台化发展所需的条件。

第二，从传媒产业的发展水平来看，传媒产业已进入以互联网为核心，媒介融合发展的新时代，中西部的传媒产业发展水平虽低于全国平均水平，但未来发展前景良好。传媒产业是传播各类信息、知识的传媒实体部分所构成的产业群，是生产、传播各种以文字、图形、艺术、语言、影像、声音、数码、符号等形式存在的信息产品以及提供各种增值

---

① 中国互联网络信息中心.第 50 次中国互联网络发展状况统计报告［R/OL］.中国互联网络信息中心，2022-8-31.

服务的特殊产业。随着信息技术的发展，传媒产业与数字经济的联系愈加密切，从《中国互联网发展报告》（2020）的数据来看，2019年中国的数字经济增加值规模已达35.8万亿元，占GDP比重已提升到36.2%，在国民经济中的地位进一步凸显，且发展速度快，《中国互联网发展报告》（2022）显示，我国2021年数字经济规模增至45.5万亿元，总量稳居世界第二，网络安全服务市场快速拓展，产业规模约为2002.5亿元，增速约为15.8%。与数字经济这一知识密集型朝阳领域相关的中国传媒产业，虽然在各类新媒体技术的冲击下进入"动本体、改存量"的关键阶段，传统媒体的"关停潮"不可避免，如北京日报社、上海报业集团、天津海河传媒中心、深圳报业集团等国内大型传媒集团纷纷关停部分子报子刊、频道、企业，内部人员的消化和分流一定程度上反映出传统传媒产业的衰落，但媒体转型融合是传媒行业发展的必然趋势，加上文化产业政策的支持和我国居民文化消费支出的提高，传媒产业的发展态势和前景整体向好。中西部地区县级融媒体中心也属于传媒产业链条中的一部分，作为朝阳产业，县级融媒体中心在信息服务、印刷出版、公关广告、文旅资源开发、教育培训、演艺庆典等方面具有不可替代的专业性和权威性，未来发展前景良好。

但不可忽视的问题是，由于受体制、市场、经济、人才、资金、传媒业发展历史等因素的制约，中国传媒产业的区域发展并不均衡，优势传媒集团多集中于经济发达地区，在带动当地乃至全国的文化、经济发展方面具有明显的优势。在中西部地区尤其是传媒业欠发达的部分地区，县级官方媒体被定位为当地官方信息的宣传者角色，对当地经济的促进带动作用有限，其机构负责人由上级政府领导部门调配，业绩考核主要看其新闻宣传质量，而非经营管理带来的效益，因此这些地区的传媒产业化水平较低，产业化探索历史也较短。近年来，传媒业开始探索产业化发展路径，但囿于相对落后的思想、体制、经济发展水平，以及传媒人才储备所限，在注意力产业、信息服务、市场化经营等方面不具备显著优势，加之互联网等新媒体的普及催生了大批自媒体人，在选题、风格、互动等方面具有更强的灵活性，抢占了县级融媒体中心有限的注意力资源和广告商资源。从产业化探索结果来看，中西部地区县级融媒体中心在产业化发展方面的典型案例较少，即使是省一级媒体，影响力也多局限于当地，跳出本省、影响全国的中西部省级媒体较少，遑论影响力更小一层级的县级融媒体中心。在调研中，也有基层工作人员提出疑问：我们的经济发展水平较低，传媒产业化水平不足，我们有可能建成全国领先的传媒平台吗？

　　传媒业的发展与地区经济发展水平有密切的关系，但较低的经济发展水平并不意味着未来传媒业的发展受限，移动互联网的发展与政策支持为中西部地区传媒发展提供了弯道超车的机会。就前者而言，移动互联网打造的扁平化的传播结构为每个机构媒体、传播者提供了平等的传播权限和受众资源，具有地方特色的中西部媒体、人物在传播市场有更强的吸引力，如 2020 年藏族小伙丁真经业余摄像师胡波拍摄的七秒视频火遍全网，后以理塘县旅游形象大使的身份宣传家乡，成为移动互联网时代个人与大众、媒体与当地发展良性互动的典型案例。而在当地政府对传媒发展的政策支持方面，以山西省为例，除了响应中央号召大力建设各区县融媒体中心外，山西也将报业和广电改革视作关乎全省文化体制改革全局的重点工作内容，2017 年 9 月，时任山西省委书记骆惠宁在深入省直宣口单位调研时指出，要进一步把握大势，增强危机感和紧迫感，加快融合发展这场革命性变革的步伐，不断提升传播能力、业务能力和创新能力，努力走出一条体现时代要求、符合山西实际的媒体融合之路；山西省《政府工作报告》连续多年对省内媒体融合工作提出了要求；2020 年 3 月 30 日，山西省委常委会审议通过《山西日报报业集团改革方案》《山西广播电视台改革方案》，要求报业改革要在"瘦身健体"上发力，广电改革要在"深度融合"上发力，要抓住"提水平"这个关键，聚焦"增活力"这个目标，通过深层次、整体性改革实现革命性重塑，以机构改革为牵引，彻底理顺管理体制，理顺组织架构，大力精简人员编制，规范人事管理，通过改革提高治理效能，推进媒体融合发展，巩固壮大主流思想舆论。省委省政府对传媒的高度重视、高要求为山西传媒发展提供了较好的政治支持。

此外，中西部地区的新闻传播高等教育和地方文化资源、信息需求也为县级融媒体中心的发展提供了资源保障。当前新闻传播高等教育已成为国家一级学科，中西部高校尤其是文科类高校基本设有新闻传播学专业，该学科下设的新闻学、传播学、广播电视学、广告学、网络与新媒体等专业基本能满足传媒业对人才技能的需求，而中西部独具特色的地方文化资源也为当地融媒体中心发展提供了充足的内容支撑。以山西省为例，山西大学、山西财经大学、太原师范学院、山西传媒学院等高校培养了大量新闻传播人才，这些人才多数来自山西，毕业后服务家乡，既有对家乡的热爱，追求在家乡工作的稳定性，也有过硬的专业传播能力，可为山西传媒发展提供较为充足的人才支撑。地方文化资源方面，中西部地区拥有丰厚的文化资源，可为县级融媒体中心提供独具特色的内容来源和权威的传播者身份，同时大量未开发或全面传播的中西部文旅资源也有广阔的信息传播需求，为县级融媒体中心的纵深发展提供了较强的当地市场需求。

综上所述，得益于互联网基础设施的普及、上网成本的降低和人民群众对互联网依赖性的增强，中西部县级融媒体中心数字化转型已具备基本的互联网基础设施条件，其传媒产业发展水平虽低于全国平均水平，但从政策支持、产业化探索成果和丰富的人才、文化资源支撑来看，传媒产业未来发展前景良好，寄寓其中的县级融媒体中心也有良好的发展前景。

第二节　中西部县级融媒体中心的建设现状

鉴于中西部地区地域广、县级融媒体中心数量庞大，在综合笔者研究资源、研究可行性的考量下，本节以山西省县级融媒体中心的建设为例，探讨中西部县级融媒体中心的建设现状。

从全国行政区划信息查询平台的查询结果来看，截至 2020 年 12 月，山西省下辖太原、大同、朔州、阳泉、长治、忻州、吕梁、晋中、临汾、运城、晋城 11 个地级市，共有 26 个市辖区、11 个县级市、80

个县。就省内媒体的发展水平而言，山西广播电视台和山西日报等省级主流媒体是全省影响力和权威性最强、融媒体发展水平最高的媒体，处于媒体第一梯队。地市级融媒体平台的建设水平较高，11 个地级市都建设有融合媒体平台，形成了包括报纸、电视台、官方网站、各类网络端 App、官方微博、微信等在内的复合传播矩阵，在省内媒体梯队中处于中间层。然而，也有部分地市级融媒体建设水平较低，存在部分 App 的下载量低，官方微博、微信的影响力有限，对群众关切的话题回应不足，对当地经济文化的带动作用有限等问题，由于地市级融媒体平台不是本书研究重点，故不予赘述。相比地市级融媒体平台，位于省内媒体梯队基础层的县级融媒体中心建设多数仍停留在建设阶段，县级融媒体中心"挂牌"后，将原先报社、广播、电视台工作人员集中于融媒体中心，也有的县级融媒体中心将各媒体机构搬至同一办公地点，实现了人员和办公地点的融合，并在融媒体中心产品的日常生产和传播实践中进行相关探索。

县级融媒体中心的具体建设模式可依据不同级别媒体的融合分为三种：一是省级平台主导，通过做大做强省级平台来覆盖全省各县级融媒体中心，虽然较难满足各区县个性化的信息、服务需求，多数参与热度和开发力度不足，但在建设初期各区县可以直接接入使用，效率高、成本低，优势较为明显，因此这一模式最为常见；二是县级媒体自建，按照国家要求的建设标准和本县需求，自主搭建融媒体中心，再与省级平台进行对接，这一模式需要较长的建设时间和较大的资金投入，对于平台内容、运营机制等问题仍有较大的探索空间；三是与科技企业合作，由企业发挥技术优势，为各县级媒体搭建平台，并探索党建、旅游、民生等不同的服务形态和舆情监测、引领的方式方法，由于这些科技企业技术水平、后期服务水平较高，并可根据县级融媒体中心的具体情况提供针对性服务，因此也有不少县级融媒体中心采用此模式，但从技术到政务、服务再到生产力的转换，政府保密信息的传输及合作建设的经费问题是此模式面临的主要困境。

除了按照不同级别的媒体融合划分建设模式，也可根据媒体形态的

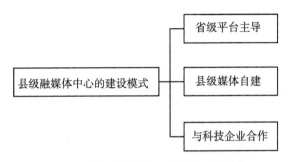

图 3-1　县级融媒体中心常见的建设模式

融合来划分建设模式：如以广电系统为核心的广电独建模式、以报业为核心的报业独建模式、广电与报业共建的模式等，各类模式在实践中均有所应用，如四川广播电视台推广广电独建模式，为全省 183 个区县的县级融媒体中心提供了较完备的服务平台；而重庆、湖南则以重庆日报集团、湖南日报社为省级技术平台，支持各县建设县级融媒体中心。山西省则采取广电与报业共建的模式开启了不同业态媒体的融合之路，2017 年，山西广播电视台和山西日报社发起成立山西云媒体发展有限公司，建设山西媒体智慧云平台，注册资金 5000 万元，山西广播电视台占股 51%，山西日报社占股 49%，成为全省县级融媒体中心建设的省级技术平台、省级总控平台。此省级技术平台可提供纸媒、广播、电视、互联网等全媒体形态入驻，全省的省级、地市级、县级各类主流媒体的优质内容和技术资源可在此共享，这种将报、台、网、端、微、屏内容融合生产、分发、传播的平台，能满足各级各类媒体统一指挥、内容汇聚、资源共享、舆情监测、多元分布、风险防控等需要，最大限度地避免了重复性建设、竞争式建设，而且克服了广电主导模式的内容困境和报业主导模式的技术困境，可以更好地整合全省媒体资源，实现省市县三级联动贯通，有利于全省县级融媒体中心的"统一建设，一体推动"，取得了较好的实践成效。

　　以融媒体建设水平较高的晋中市平遥县融媒体中心为例，平遥县融媒体中心统筹融合了县域内各类媒体，形成全方位覆盖电视、广播与新媒体的宣传格局：现有平遥电视台综合频道一个，平遥广播电台频率89.9MHZ一个，智慧平遥 App 客户端一个（注册用户 26010 个，日均活跃度 1 万，日均浏览量 5000 人次），设备方面现有一个 400 平方米综合演播厅、两个虚拟演播室、移动录播转播设备和网络直播设备各 1套、高清非编系统 5 套、小型视频工作站 40 多套、高清摄像机 25 台、摇臂 2 套、航拍器 2 个，有线电视频道 175 个（其中标清 135 个，高清40 个），有线电视在册用户 11 万户（其中智慧城市用户 1.7 万户，标清 9.46 万户）；在新媒体探索方面，平遥融媒体中心有政府网站、微信、腾讯视频、抖音等多个新媒体平台，网络直播板块累计浏览量4500 万，累计关注人数 50 万，主营的政府网 7 个月累计更新新闻 1758条；腾讯上传视频 885 个，点击阅读量 105 万+；抖音平台到 2022 年 4月已有粉丝 45.2 万，作品获点赞 859.5 万+，单条视频最高阅读量2519 万+，成为抖音优质平台。在新媒体平台中平遥融媒体中心获得较高的关注度，这与当地丰富的文旅资源、较高的知名度有关，但因"平遥融媒"的官方属性，从新媒体内容类型来看，文旅相关的视频并未占主流，播发的主要内容是与当地政府和发展紧密相关的硬新闻，自新冠肺炎疫情暴发后，疫情防控相关新闻也成为主要传播内容，因此，当地知名的文旅资源也非县级融媒体中心获得关注的主要内容依托，中西部地区县级融媒体扎根本土、深挖当地信息产品资源也可获得相应的关注度。

　　"县级融媒体中心"这一概念虽是近年来的新名词，但在不断尝试创新的实践探索下，区县融媒体中心在当地居民中得到较好的媒体认知度。在对 500 名山西居民发放的媒体使用问卷中，对于"我不知道什么是县级融媒体中心"这一描述，137 人（27.4%）表示比较了解县级融媒体中心，71 人（14.2%）非常了解什么是县级融媒体中心，近一半的群众对县级融媒体中心有所认知、了解，说明近年来县级融媒体中心已从政策、国家战略走进群众生活中，获得了较高的认知度。208 位居民在问卷开放式问题"您对县级融媒体中心建设或当地政务服务平台建设有何建议"中留下宝贵的建议，从服务、信息、希望、建设、政务、媒体、及时、便捷、平台、提高等方面提出相关建议,这反映出居民既发现了县级融媒体中心及政务服务平台的现有问题,也对其建设提出具体建议和热切希望,具体建议将在后文"县级融媒体中心的受众需求"中详述。从实证研究数据填写和分析的往常经历来看,近一半被访者对开放式问题的积极回答表明当地居民对县级融媒体中心持有紧密的关注和热切的盼望,进一步提高其认知度、认可度和现实影响力有乐观的前景。

第三节 县级融媒体中心的现存问题

自习近平总书记 2018 年 8 月在全国宣传思想工作会议上指出"要扎实抓好县级融媒体中心建设,更好引导群众、服务群众"后,建设县级融媒体中心成为国家战略,全国各县级融媒体中心坚持党管媒体、创新发展、移动优先、问题导向、精简高效、连续稳定的工作原则,将党性原则和互联网思维结合,整合了电视、广播、报纸、网站、两微、第三方账号等平台资源,对组织架构、业务流程平台、渠道和管理机制进行一定程度的改革重塑,基本实现了一次采集、多种生成、多元传播,在顶层设计、建设模式和媒体实践上都有所探索,取得了一定的进展。然而,不可忽视的是,当前距离将县级融媒体中心建设成为引导、服务群众的平台,政治沟通的桥梁,基层治理、智慧城市建设的契机,并以媒体转型促进当地经济文化发展这四个定位仍有一定差距。在移动互联网时代,多数县级融媒体中心在当地的影响力较为有限,尚未推广至当地全体群众,也尚未成为当地群众获取信息、获取政务服务的第一选择,距离推进本地基层社会治理水平和政府现代化治理水平也仍有较大的空间。

以当前国内应用最广泛的智能手机应用程序微信为例,微信公众号逐渐成为机构或个人传播信息、实现线上线下互动的主流新媒体平台,开通微信公众号传播当地信息已成为各县级融媒体中心的常规建设任务之一,在"清博大数据平台"以"融媒"为关键词可搜索到 1475 个微信公众号，多数搜索结果为县级融媒体中心的官方微信账号。若考虑到账号中不包含此二字的县级融媒体中心，则县级融媒体中心的微信公众号会更多。为研究当前中西部县级融媒体中心微信公众号的传播状况，作者以山西省为例，选取大同市（晋北）、晋中市（晋中）、运城市（晋南）34 个县级融媒体中心为研究样本，以"全国行政区划信息查询平台"公布的区县划分、常住人口和"清博大数据"查询所得的县级融媒体公众号、预估活跃粉丝量为基础，发现截至 2021 年 1 月 1 日，相比当地常住人口数量，现阶段各县级融媒体中心的覆盖率仍较低（0.08%~26.09%），覆盖率最高的是晋中市昔阳县，每百人中约有 26 人关注融媒体中心的公众号，超过 10% 覆盖率的县级融媒体中心仅有昔阳、新荣、寿阳、平陆四地，仅占所调研样本的 11.76%。有 6 个县级融媒体中心的微信公众号覆盖率低于 1%，意味着每 100 个常住居民中，不足 1 人是其公众号的关注者；也有 10 个县级融媒体中心的数据缺失，这与当地微信公众号未进入清博大数据库或未认证有关，具体可见表 3-1。

表 3-2　　　大同市、晋中市、运城市三地县级融媒体
中心微信公众号的覆盖率

区县名称	微信公众号名称	当地常住人口（万）	活跃粉丝量（个）	覆盖率（%）
大同市				
平城区	平城在线	75	——	——
云冈区	云冈区宣	66	——	——
新荣区	新荣零距离	12	15230	12.69
云州区		19	——	——
阳高县	——	29	——	——
天镇县	天镇动态	22	——	——
广灵县	广灵县融媒体中心	18	8740	4.86
灵丘县	灵丘宣传	24	——	——

区县名称	微信公众号名称	当地常住人口（万）	活跃粉丝量（个）	覆盖率（%）
浑源县	—	35	—	—
左云县	—	15	—	—
晋中市				
榆次区	榆次发布	60	5295	0.88
太谷区	太谷融媒体中心	31	2315	0.75
介休市	介休融媒	42	38475	9.16
榆社县	榆社发布	14	970	0.69
左权县	左权融媒体	16	8925	5.58
和顺县	和顺融媒	14	2245	1.60
昔阳县	昔阳融媒	24	62625	26.09
寿阳县	寿阳发布	21	24785	11.80
祁县	祁县发布	27	6415	2.38
平遥县	平遥融媒	52	11685	2.25
灵石县	灵石县融媒体中心	26	910	0.35
运城市				
盐湖区	盐湖融媒	67	3145	0.47
永济市	永济新闻	44	7440	1.69
河津市	河津融媒	40	18210	4.55
临猗县	临猗广电	56	7820	1.40
万荣县	万荣发布	44	—	—
闻喜县	今日闻喜	41	345	0.08
稷山县	稷山融媒	36	4905	1.36
新绛县	新绛新闻	33	12500	3.79
绛县	绛县融媒	29	—	—
垣曲县	垣曲电视台	23	5565	2.42

区县名称	微信公众号名称	当地常住人口（万）	活跃粉丝量（个）	覆盖率（%）
夏县	夏县融媒体中心	37	6499	1.76
平陆县	平陆广电传媒	25	33380	13.35
芮城县	芮城宣传	38	4210	1.11

由表 3-1 可见，山西省晋北、晋中、晋南地区三个地级市的县级融媒体中心基本开通了县级融媒体中心微信公众号，表明开通微信公众号、入驻微信平台已成为县级融媒体中心建设的常规路径。多数县级融媒体中心面临微信公众号粉丝量少、对当地覆盖率低的问题，这一方面反映出县级融媒体中心在微信平台的影响力仍有较大的提升空间；另一方面，也需从评价指标中科学认识微信平台的影响力。县级融媒体中心的活跃粉丝量和对当地人口的覆盖率仅可作为测评县级媒体在微信平台中传播力的一个参数，并不能将其作为决定性指标。事实上，数量较少的微信活跃粉丝是机构媒体或个人面临的共同问题，这是微信平台的社交强关系属性所致。微信是用户与其具有一定社会关系的个体或组织、群体实时交流的空间，紧密型的人际关系、社会交往与通信工具相连，使微信成为当前智能手机用户的必备应用。在此新媒体平台中，机构媒体与用户建立联系的重要渠道是微信公众号，用户订阅媒体的微信公众号，并在公众号中实现信息的获取与互动。然而，很多情况下，微信公众号的创立、推广并无用户关注的相关渠道展示，用户或通过朋友分享、朋友圈内容偶遇微信公众号信息，若对信息产生正面评价并欲长期获得信息推送，则选择关注微信公众号；或受线上、线下某些推广活动影响而关注公众号，但此类情况在县级融媒体中心微信公众号的推广中较为少见。县级融媒体中心入驻微信平台是移动互联网时代传统媒体进行新媒体转型的重要举措，但不同于传统的大众传播渠道，机构媒体在强关系平台中扩大粉丝量、提高影响力受平台本身的局限，即使是部分省级媒体，也面临涨粉难题，因此，并不能将微信公

众号的活跃粉丝量和对当地人口的覆盖率作为评价县级融媒体中心建设的重要指标。

在县级融媒体中心的传播矩阵中，微博也是常见的传播平台，其中新浪微博的粉丝数也是常用的县级融媒体中心传播力的考察指标之一。相较于微信公众号的强关系属性，微博属于弱关系的公共信息平台，融媒体中心在此平台展示信息、获得粉丝量的难度弱于强关系社交媒体平台。但考虑到当前新浪微博的利用率降低，多数县级融媒体中心粉丝数量较少、内容互动不足，部分县级融媒体中心尚未开通微博账号，因此本研究未对微博平台的融媒体中心账号进行深入考察。

县级融媒体中心在当地具备较好的建设基础，原有的县级广播电视台、报纸、网站及近年来新建成的新媒体矩阵等所有县域公共媒体资源均属于县级融媒体中心的可用资源，这些媒体资源多为官方媒体，具有较长的建设历史、较强的专业性和较高的群众认可度。虽然县级融媒体中心建设是 2018 年起才被全国推进的新战略，但经过几年的建设，群众对此媒体平台已经具有一定的认知度。从对 500 名山西居民媒体使用状况的问卷结果来看，对于"我不知道什么是县级融媒体中心"这一问题，96 人（19.2%）认为非常符合自身情况，138 人（27.6%）比较符合这种情况，58 人（11.6%）表示难以判断，对县级融媒体中心有所了解的被访者有 208 人，占比达到 41.6%。从对当地群众的访谈情况来看，即使不了解"县级融媒体中心"这一特定媒体，但提及当地广播、电视台等媒体时，全部被访者均表示知道或了解。由此可见，县级融媒体中心具有丰富的媒体资源和较高的群众认知度，但仍需进一步提高融媒体中心这一新称呼在群众中的品牌认知度和认可度，进而提高群众对县级融媒体中心信息文化产品的接受、使用偏好。

群众对"县级融媒体中心"这一新称呼的认知与其所在区域有关，对二者进行交叉分析，可得到以下结果（见表3-3）。虽然山西各地级市经济发展状况不同，但因不同地区县级融媒体中心的建设和推广情况各有差异，无法将群众的认知程度与当地经济发展情况相挂钩，这也为中西部地区进一步扩大县级融媒体中心的影响力提供了可行性支撑：经济发达地区可能具备更优势的资金、媒体技术支持，但这并非县级融媒体中心纵深建设的决定性因素。中西部地区县级融媒体中心深挖当地信息文化资源，将高质量的信息文化产品精准送达当地群众中，进一步提高县级融媒体中心在当地的覆盖面和影响力，具有很强的可行性。

表3-3　"我不知道什么是县级融媒体中心"与所在地级市的交叉分析表

X\Y	非常不符合	不太符合	难以判断	比较符合	非常符合	小计
太原市	16(11.76%)	36(26.47%)	13(9.56%)	35(25.74%)	36(26.47%)	136
长治市	9(29.03%)	11(35.48%)	3(9.68%)	5(16.13%)	3(9.68%)	31
大同市	4(23.53%)	5(29.41%)	3(17.65%)	3(17.65%)	2(11.76%)	17
阳泉市	3(15.79%)	3(15.79%)	6(31.58%)	4(21.05%)	3(15.79%)	19
晋中市	11(10.68%)	22(21.36%)	14(13.59%)	35(33.98%)	21(20.39%)	103
朔州市	1(10%)	2(20%)	1(10%)	3(30%)	3(30%)	10
临汾市	3(9.38%)	11(34.38%)	2(6.25%)	10(31.25%)	6(18.75%)	32
忻州市	4(15.38%)	12(46.15%)	1(3.85%)	3(11.54%)	6(23.08%)	26
吕梁市	5(11.11%)	13(28.89%)	8(17.78%)	14(31.11%)	5(11.11%)	45
运城市	12(21.82%)	12(21.82%)	3(5.45%)	18(32.73%)	10(18.18%)	55
晋城市	3(11.54%)	10(38.46%)	4(15.38%)	8(30.77%)	1(3.85%)	26

在当前媒体环境中，县级融媒体中心获得民众的使用接触受到更多因素的制约影响。一方面，社交媒体提高了移动办公水平，加快了民众的工作节奏，间接减少了民众深度阅读学习的时间和获取高质量文化产品的精力；另一方面，社交媒体为大量碎片化、娱乐化、社交化内容提供了展示平台，这些信息分散了民众有限的注意力资源，同时也改变了受众的信息接收偏好，也从受众端影响了机构媒体的专业化内容生产和评价标准。此外，社交媒体还催生了一批或深耕某一领域、内容生动有趣，或依靠洗稿、煽情、制造假新闻而吸引流量的自媒体人，进一步分散了注意力资源，增加了县级融媒体中心扩大影响力的难度。在此媒体环境下，县级融媒体中心与专业化程度更高、信息来源更权威、群众认

可度更高的中央级机构媒体和省级媒体处于相同的竞争环境中，获取群众接触、认可并保持使用黏性的难度加大。县级融媒体中心以往多依靠官方属性实现独家报道、获得当地权威影响力，在当前媒体环境下，守好舆论阵地、做好舆论引导无疑面临较大的挑战。

群众对县级融媒体中心的媒介接触行为是反映其现实影响力的基础指标。从实证研究结果来看，群众对当地县级融媒体中心的接触使用时间有限，问卷中设置了"我对我们区、县的电视、广播接触不多"这一描述性问题，要求被访者根据自身情况做出选择，结果显示，43%的居民表示"接触较少"，35%的居民表示接触很少，7%的居民表示难以判断，选择这三项的比例合计高达85%，表明绝大多数居民对当地县级融媒体中心的使用接触行为很少，县级媒体的现实影响力有极大的提升空间，具体如图3-2。

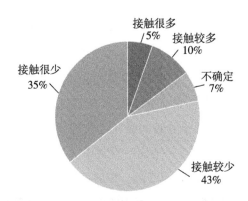

图3-2 群众对当地县级融媒体中心的接触情况

调研、访谈也佐证了县级媒体及融媒体中心在当地群众中影响力有限的问题。思想观念陈旧、内容建设困境、有限的人才队伍和资金投入是导致这一现状的主要原因，同时也是困扰基层一线工作人员的主要难题。寻找问题、直面困难，是新阶段建设县级融媒体中心的关键。

第一，在现有宣传体制下，部分领导、工作人员思想观念较为陈旧,缺乏开拓创新精神,制约着县级融媒体中心的建设质量。

从目前传媒业发展实践来看,在观念上,传统媒体落后于互联网,地市级媒体、县级媒体落后于中央和省级媒体,虽然自中央到地方政策中都强调建设新型治国理政平台、推动媒介融合发展,此话题也连续多年成为新闻传播学界、业界的讨论热点,但绝大多数县级电视台的观念仍然停留在 10 年前甚至更久的时间前,① 陈旧、落后、消极的思想观念从内因方面制约着县级融媒体中心的发展。

县级融媒体中心作为中央顺应媒体发展规律、从上而下依靠政治体制对媒介技术改革的回应措施,具有组织推动、技术引领、自上而下推进媒体改革的鲜明特色,在上通下达、联络群众中扮演着传播政策、反映问题、了解民意、疏导舆情、服务民众、服务政治的重要作用。但当下县级融媒体中心作为政治组织的一部分,政治立场在一线工作人员的角色定位中居于首要地位,这一方面确保了主流舆论场的政治正确性,保证融媒体中心报道契合当地工作大局;另一方面需警惕部分工作领导干部和工作人员的官僚主义、形式主义作风,打着"政治正确"的旗号行庸政懒政怠政之实。在县级融媒体中心建设中,部分县级融媒体中心的领导者以保守心态部署工作,但求完成任务,生怕"出事""出头",在实际运作中将政治立场和媒介运营规律让位于领导偏好,揣摩"上面"高兴不高兴,等待"上面"允许不允许,导致在具体工作中束手束脚,既缺乏深挖当地新闻资源、拓展县级融媒体中心政务服务的气魄,也缺乏进军互联网、抢占注意力资源的雄心。这种懒政作风也影响了一线工作人员的工作心态和工作方式,具体表现是部分工作人员或"等靠要",或抄文件、转通知,内容创新少,消极完成日常报道任务;内容管制多,动辄删帖、屏蔽,导致县级融媒体中心的报道即使通过互联网进行全球发布,但影响力难出宣传部,成为缩短官民距离、连通中外世界,让受众接受、信任和依赖融媒体的巨大障碍,遑论主动深挖当

---

① 郭全中.县级融媒体中心建设的进展、难点与对策 [J].新闻爱好者,2019 (7):14-19.

地信息文化资源，从内容层面为当地民众供应高质量信息文化产品。

除懒政思想外，县级融媒体中心的工作人员自身也存在诸多陈旧、落后的观念。县级融媒体中心工作人员构成复杂，由具有编制的公务员、参公事业编人员和体制外临时工作人员构成。部分体制内工作人员或将自身定位为旱涝保收的事业单位成员，将国家、政府作为兜底的依靠，"捧着金饭碗"去改革、建设融媒体中心的动力有限；或将自身定位为政府宣传员，不顾及日新月异的媒体环境，难以在日常工作中创新新闻、政务、服务的方式方法；体制外临时工作人员则由于身份、薪酬、福利等方面的差异将自己定位为县级融媒体中心的局外人，缺乏主人翁思想和地位进行创新性工作。在新媒体技术面前，一线工作人员还存在落后的媒体观念：有的拘泥于老思路，固守着政府喉舌、权威传播者的定位，内心深处对新媒体技术存在轻视之心；有的认为新技术增加了日常工作的负担，对新媒体技术抱有敌视之心，对新技术赋权的用户、群众存在排斥心态；有的在层出不穷的新媒体技术面前存在本领恐慌问题，较难接受、适应新媒体技术下采编流程、传播技能对已有知识结构的重构；有的对县级融媒体中心的顶层设计缺乏正确的认识，秉持"媒体为王"的理念，在县级融媒体中心建设中采取"内容+""渠道+"的思路，其视野未能扩展至信息相关的所有领域，尤其缺乏"服务+""互联网+"的思路，在具体操作中固守传统媒体，将有限的资金投入传统媒体的升级和优化中，重硬件轻软件，重设备轻人才，而不是按照"移动优先""数据优先""智能优先"的思路进行彻底的改革；有的缺少平台意识和媒体生态意识，无法有效盘活手中的技术资源、渠道资源、当地文化资源和媒介品牌资源，也无法成为居民表达自我、提供素材、实现社区内部互动的有效公共空间，这也是融媒体中心无法有效深入、凝聚本地群众的原因所在，这些对上级政府、自身工作和新媒体技术的错误、落后观念制约着县级融媒体中心的建设质量。

第二，县级融媒体中心的内容建设成为困扰一线工作人员的重要难题，是扩大其影响力不可忽视的制约因素。

内容是县级融媒体中心与群众联系的纽带，内容生产创新也是推动县级融媒体中心纵深发展的主要突破口。关于媒体转型发展这一命题，学界有"渠道为王""平台为王""品牌为王""终端为王""资金为王"等理念，这反映出当前媒体有渠道、平台、品牌、终端、资金等丰富的发展路径，但将此作为县级融媒体中心建设的核心因素未免有失偏颇。事实上，这些发展思路的实施均要围绕"内容"这一核心产品要素展开，内容是县级融媒体中心获取用户关注、用户黏性的载体，也是县级媒体在转型发展中安身立命所在，若放松内容生产和创新，只是搭建了基础框架，平台上线后敷衍了事，很可能成为数字媒体时代的消极行为主体，容易进入"挂个牌，等靠要；抄一抄，转一转"的消极建设阶段，内容建设出现粉丝"僵尸化"、关注度过低、原创性和互动性不足等问题，从而远离民众视野，导致融媒体中心建设事与愿违。

当前县级融媒体中心在内容建设上主要存在以下问题：

（1）内容结构单一，更多偏重承担宣传功能，而缺乏本地化、与民众直接相关的好作品、好内容。一直以来，县级融媒体中心是传达县级党政部门精神的平台，发布最多的内容主要为中央、省、市、县四级主要领导人的讲话、指示、活动或会议精神报道。在以转述领导精神为导向的传统宣传思维影响下，县级融媒体中心内容生产模式形成路径依赖，高度依赖"抄一抄""转一转"会议、政策，缺乏对政策的解读、政策施行的效果跟踪，也缺乏对本地化原创内容和生活化、社区化鲜活内容的挖掘，这是多数县级融媒体中心内容生产的主要特征。相比丰富、有趣、有用的社交媒体内容，此类内容虽具有新闻价值的"重要性"，但未凸显与当地群众的接近性，对普通民众也不具备显著性和趣味性，而群众感兴趣的政治、经济、文化、生活等信息又未得到融媒体中心的有效回应，这也是区县人口数量和融媒体内容的点击量、阅读量严重不成比例的症结所在。而在互联网时代，程序化的基层政府讲话、政治会议等宣传报道对于当地百姓的实用价值较低，未凸显相关性、增强其理解性的报道即使传播到"最后一公里"，多次无效的媒体接触也会降低群众对县级融媒体中心的评价，直接导致群众远离该平台，造成宣传资源的浪费和宣传环境的恶化。如近年来各地疫情防控政策处于动态变化中，有出行需求的群众却无法及时获得权威政策解读，多依靠微信老乡群、校友群等非官方渠道获取他人出行经验，或从社区获得一些错误信息，事实上，这恰是县级融媒体中心用好权威信息来源、提高影响力的契机，但多数县级融媒体中心尚未抓住此机遇。

（2）缺乏有效的内容互动和相关互动规范。当前多数县级融媒体中心的内容发布频率较高，能及时、准确地传递官方信息，但普遍缺乏互动，对评论中的疑问与意见鲜有回复，间接形成信息零回复、零互动的尴尬局面，影响了其本应有的传播力、引导力、影响力和公信力、生命力，不利于解决问题、建立亲密的传受关系及拉近官民间的距离。县级媒体利用互联网技术实现转型发展，其重要特征在于传受间的互动性，及时有效的互动不仅可以增强留言群众的媒体使用体验，使其产生"被倾听""被回应"的感受，建立与官方传播者的互动交往，而且可以提高用户黏性，促使群众在日常生活中成为县级融媒体中心的代言人、二级传播人，转发被回应的信息，提高县级融媒体中心的知名度和好评度，这恰是现阶段多数县级融媒体中心建设的不足之处。此外，较多县级融媒体中心也尚未形成完善的内容互动规范，运营人员以官方媒体的身份在公开平台中"神回复""怼网友""自说自话"，既损害了县级融媒体中心乃至当地县级政府的公信力，也直接降低了群众的媒体使用体验，损害了政府和群众之间的良好关系，不利于培养忠实用户、拓展影响范围。

（3）信息生产、评审依靠县级融媒体中心的内部力量，尚未形成开放、多元的生产、评审机制。县级融媒体中心服务区县、联系内外，是一个区县官方信息的生产、传播枢纽，有限的工作人员既要完成区县政府的宣传任务，同时要兼顾各融媒体平台内容的生产、传播、审核，任务量大，依靠内部力量很难做好全部工作。但多数县级融媒体中心由内部人员完成众多任务，未开放内容生产平台，以吸引有热情、有技能的群众自发生产当地信息产品，也未用好大数据算法等新技术，调研和掌握当地用户的信息、服务需求，为其精准推荐个性化定制信息产品，导致内容生产和传播的效率低。在注意力资源有限、自媒体层出不穷的背景下，封闭的内容生产体系并不利于形成有效的内容循环生产模式，以最小的人力投资获取覆盖全域、生动鲜活的信息产品。此外，当前县级融媒体中心内容的评审标准多局限于点击率或领导批示，有的融媒体中心甚至尚未形成有效的内容传播监测评价体系，专业评价标准在内容评审中缺失，不利于高效、科学、专业地生产信息内容。部分县级融媒体中心虽然在通讯员报道方面有所探索，但对此类内容的审核规范、评价标准较为缺乏，未来若开放内容生产体系，审核标准和审核效率也需进一步完善提升。

（4）各县级融媒体中心缺乏危机信息的舆情监测、处理和舆论引导机制。在当代社会，县域的经济发展、城镇化的推进不可避免地会产生一些社会矛盾，而互联网的日益普及又扩大了矛盾的传播范围，导致涉县（区、市）级舆情事件频发，降低了地方政府的公信力和对外形象。尽管目前县级政府已经认识到网络舆情监测、处理和舆论引导工作的重要性，但是由于县级舆情信息较为分散、杂乱，且人力、物力、财力、技术有限，多数县级宣传部门的危机预警和舆情监测缺乏、反应迟缓、处置经验不足，常常使县级地方政府深陷舆论漩涡，且难以主动化危为机。如何与其他媒体、平台建立畅通的合作机制，采用先进的舆情监测工具，实时做好当地舆情监测工作，并提前制订好特定情况的危机应对和舆论引导方案，提高危机舆情处理的时效性和有效性，并落实相关主体责任，在这些方面，县级融媒体中心仍有很大的探索和建设空间。

（5）除新闻内容的生产之外，多数县级融媒体中心尚未开展线上政务、服务等内容生产的探索。有些融媒体中心将政府、服务信息作为新闻信息的一部分，通过融媒体中心公开传播此类信息来服务百姓，但由于未打通政府服务平台，群众需通过其他平台、渠道甚至线下来获取服务，而获取相关部门的联系方式、办事渠道、相关政策等服务成为群众办事的难题，尤其是不具备数字化媒体使用技能的老年群体则面临更多困难。在此方面，县级融媒体中心可借鉴北京市政务服务的举措，在"北京通"App 的基础上拓展微信、支付宝、百度 3 种移动端办理渠道，企业、市民通过手机可以足不出户办理近千件政务事项（如图3-3所示），这种与时俱进、服务百姓的新举措成为政务线上服务在移动互联网时代的有效探索，若将此类小程序与县级融媒体中心平台对接，则对提升县级融媒体中心的内容质量、影响力大有助益。

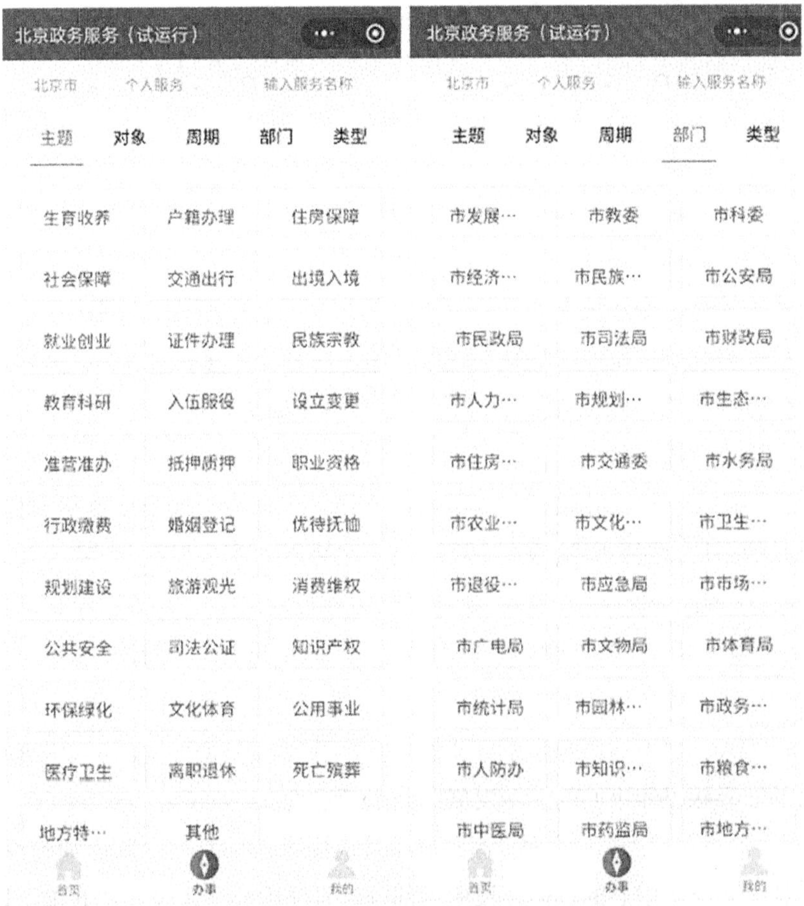

图3-3　北京市政务服务平台微信小程序"办事"页面截图

第三，人才队伍建设是县级融媒体中心建设的短板。

在移动化、可视化和智能化的传播趋势下，县级融媒体中心"一次采集、多种产品、多媒体传播、多终端评估"的传播布局对从业人员的业务技能提出了更高的要求。然而，由于顶层设计、薪酬、人才引进和培养机制等因素的限制，中西部县级融媒体中心的建设质量受到人才队伍的较大制约。

一支高效的新闻人才队伍是挖掘当地信息资源、讲好基层故事的重要保障，也是县级融媒体中心进一步拓展服务面、扩大影响力的主要依靠力量，然而对于中西部多数县级融媒体中心来说，专业的新闻人才队伍是其建设面临的短板。人才队伍的困境主要体现在以下方面：

（1）部分县级融媒体中心的资金配置不合理，对人才队伍的建设投入不足。部分县级融媒体中心在资金配置中本末倒置，将有限的资金投入平台建设中，不切实际地照搬照抄大型城市、经济发达地区县级融媒体中心的建设模式，过度追求"大屏幕、大机构"，而对提升县级融媒体人才队伍专业技能的投入不足。一方面，现有的工作人员大多来自广播、电视等传统媒体，缺乏网络媒体工作经验和互联网思维，其知识结构普遍老化，难以在互联网信息环境中占据优势传播地位。在访谈中，多位一线工作人员表达了对系统学习、培训的迫切需求，但由于县级融媒体中心对人才培训的资金投入有限，无法为一线员工提供有效、及时的培训机会，导致现有工作人员无法克服"本领恐慌"，缺乏互联网时代守好、建强主流舆论阵地的信心和技能。另一方面，计算机技术、新媒体运营等方面的人力资源缺乏，中西部较低的薪酬难以吸引相关高素质人才，而本省、本县的对口人才宁可在外地做"北漂"等异乡打工人，也不愿回到家乡、建设家乡，新鲜、高素质力量注入困难制约了县级融媒体中心的纵深发展和高水平建设。

（2）人才引进、管理机制限制了县级融媒体中心人才队伍的建设。在县级融媒体中心的具体建设中，部分融媒体中心在建设之初并未做好顶层设计，盲目把几套班子融合在一起，在人员分配和工作安排上，没有实现高效落实，造成"人马过剩，不见效率"；由于缺乏行之有效的人才竞争激励机制，难以调动具有事业编制"铁饭碗"人员的积极性、创新性，导致人浮于事，成效甚微；而同工不同酬等问题不仅吸引不到高质量的体制外人才，导致非专业、非在编人员多，流动性大，稳定性差，对县级融媒体中心建设的人才支撑有限，还导致已有人才因薪酬、福利等限制流失到省市等更高平台或市场化传媒机构中，体制外人才队伍的建设进入"死胡同"。

在体制内人才引进方面，县级融媒体中心多依靠公务员或事业单位选拔考试，但在招聘中，或因过高的学历门槛限制了本科学历人才，或因"跑偏"的专业门槛限制了对口人才。如2020年晋城广播电视台、太行日报社的记者编辑岗、摄像记者岗、夜班编辑岗向社会招聘高层次人才共计10人，要求"双一流""985工程""211工程"院校全日制硕士研究生及以上（如图3-4所示）。很多愿意回家乡工作的对口专业人才不符合招聘的学历等要求，又因工作地点所限，中西部地方媒体对符合"双一流""985工程"等学历要求的人才缺乏吸引力。专业要求方面，招聘的10人中，4人为哲学类、经济学类、法学类、历史学类专业，6人为工学类、理学类专业，虽然这些专业门类在专业边界较模糊的新闻传播领域有施展空间，但要求跨专业人士从事新闻采访、编辑、摄像等专业工作难免需要较长的学习、适应时间，具备专业技能的新闻传播类人才却未招聘1人，最终导致"高端人才进不来，对口人才不招聘，优秀人才留不住，存量人员无大用，低效冗员出不去"等问题。

第四，资金成为制约县级融媒体中心发展的一大难题。县级融媒体中心建设的设备、平台、内容、人才、技术均需投入大量资金，为此，2019年中央对地方转移支付预算表中，中央补助地方公共文化服务体系建设专项资金预算数为147.1亿元，主要用于支持县级融媒体中心及深度贫困县应急广播体系建设，这一预算比2018年执行数增加18.11亿元，增长了14%；将"县级融媒体建设"纳入财政预算也成为不少地方的通行做法，如山东省县级台各项纳入县财政预算的资金已达11亿元，河北省香河县财政拨款1230万元作为县级融媒体中心的启动资金，浙江省湖州市政府每年用四五千万元购买服务，占到了县级融媒体中心总收入的1/4等。然而，多数中西部地区的经济发展在全国处于较低水平，县级融媒体中心可获得的政府财政这一外部资金支持力度有限，内部造血能力贫乏，内外资金限制影响了中西部县级融媒体中心的发展。

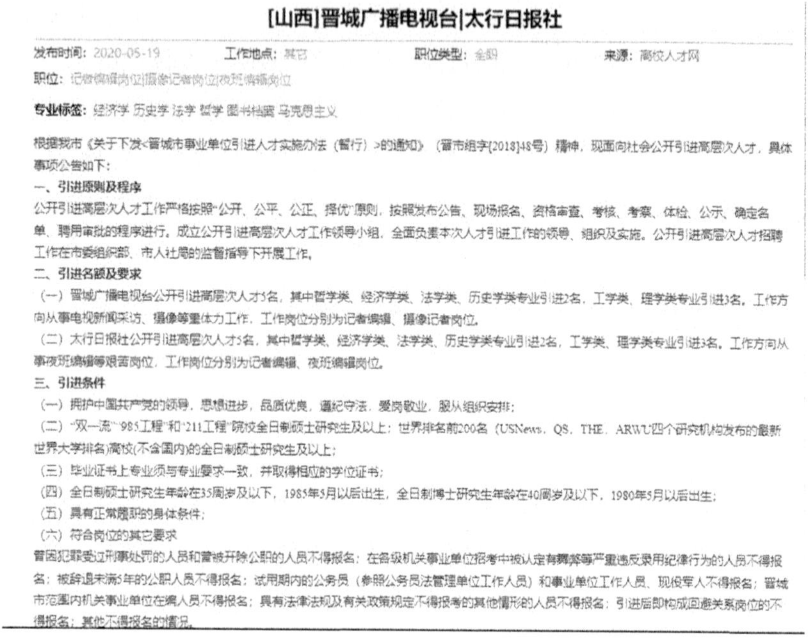

[山西]晋城广播电视台|太行日报社

发布时间：2020-05-19　　工作地点：其它　　职位类型：全职　　来源：高校人才网
职位：记者编辑岗位|摄像记者岗位|夜班编辑岗位

专业标签： 经济学 历史学 法学 哲学 图书档案 马克思主义

根据我市《关于下发<晋城市事业单位引进人才实施办法（暂行）>的通知》（晋市组字[2018]48号）精神，现面向社会公开引进高层次人才，具体事项公告如下：
一、引进原则及程序
公开引进高层次人才工作严格按照"公开、公平、公正、择优"原则，按照发布公告、现场报名、资格审查、考核、考察、体检、公示、确定名单、聘用审批的程序进行。成立公开引进高层次人才工作领导小组，全面负责本次人才引进工作的领导、组织及实施。公开引进高层次人才招聘工作在市委组织部、市人社局的监督指导下开展工作。
二、引进名额及要求
　（一）晋城广播电视台公开引进高层次人才3名，其中哲学类、经济学类、法学类、历史学类专业引进2名，工学类、理学类专业引进1名，工作方向从事电视新闻采访、摄像等具体工作。工作岗位分别为记者编辑、摄像记者岗位。
　（二）太行日报社公开引进高层次人才2名，其中哲学类、经济学类、法学类、历史学类专业引进2名，工学类、理学类专业引进1名，工作方向从事编辑等艰苦岗位。工作岗位分别为记者编辑、夜班编辑岗位。
三、引进条件
　（一）拥护中国共产党的领导，思想进步，品质优良，遵纪守法，爱岗敬业，服从组织安排；
　（二）"双一流""985工程"和"211工程"院校全日制硕士研究生及以上；世界排名前200名（USNews、QS、THE、ARWU四个研究机构发布的最新世界大学排名）高校（不含国内的）全日制硕士研究生及以上；
　（三）毕业证书上专业须与专业要求一致，并取得相应的学位证书；
　（四）全日制硕士研究生年龄在35周岁及以下，1985年5月以后出生，全日制博士研究生年龄在40周岁及以下，1980年5月以后出生；
　（五）具有正常履职的身体条件；
　（六）符合岗位的其它要求。
曾因国家法律受到刑事处罚的人员和曾被开除公职的人员不得报名；在各级机关事业单位招考中被认定有舞弊等严重违反录用纪律行为的人员不得报名；被辞退未满5年的公职人员不得报名；试用期内的公务员（参照公务员法管理单位工作人员）和事业单位工作人员、现役军人不得报名；晋城市范围内机关事业单位在编人员不得报名；具有法律法规及有关政策规定不得报考的其他情形的人员不得报名；引进后构成回避关系岗位的不得报名；其他不得报名的情况。

图 3-4　山西某地市级媒体 2020 年招聘公告①

（1）中西部多数县级融媒体中心获得地方政府财政支持的力度有限。长久以来，县级融媒体中心及与之一脉相承的县级广播电视台、报社等媒体发展所需的资金多来自地方财政这一外部支持力量。县级融媒体中心的平台化、移动化、智能化建设需要大量的资金投入，如北京市昌平区融媒体中心 App 上线后，2020 年仅 App 升级和定制化开发这一服务就投入了 168 万元。但相比经济发达地区，中西部多数区县财政收入有限，对县级融媒体建设的投入资金也有限，在访谈中，部分负责人透露，一般而言，财政每年为县级融媒体中心投入 100 万元左右，有的

---

　　① ［山西］晋城广播电视台｜太行日报社［EB/OL］. 应届生求职网，2020-5-19，http：//www.yingjiesheng.com/job-004-626-491.html.

区县政府重视程度较高，投入相应也较多，如 2020 年 8 月平遥融媒体中心与山西云媒体发展有限公司签订建设合同，为重点建设本地客户端（微信、微博、网站、手机 App 等）与省平台生产发布系统对接、融媒体采编调度中心建设、移动采编系统、融媒体产品快速生产融合发布系统和舆情监测系统投资 187 万元。但也有部分县（市）没有充分认识到融媒体在传播信息、凝聚共识、汇聚民心、服务群众方面的重要作用，为服从"上级命令"而开始建立融媒体平台，认识上的不足直接导致重视程度不够，加上多数中西部区县经济发展水平较低，政府财政收入有限，对县级融媒体中心的支持力度也相对较小。而在有限资金的分配上，部分地区由于认识偏差、缺乏对资金的科学统筹安排，将本该用于融媒体建设的资金投向传统媒体设备的更新和维护，降低了融媒体中心的平台化、移动化、智能化建设质量。

（2）县级融媒体中心循沿体制化路径运营，欠缺市场化转型，自身造血能力有限。在确保县级融媒体中心政治正确的前提下，市场化有利于调动工作人员的积极性，通过高质量内容的生产、传播，文化产品的开发，文化产业的转型创造收益。县级融媒体中心具有较好的历史积淀和品牌效应，其内容可深入社区、回应群众日常生活所需，加之融媒体中心的信息资源天然具有可交换性和较强区域影响力，在文化产业发展水平较低的地区具有极强的商业化潜力和市场竞争力。然而，目前多数中西部地区县级融媒体中心运作仍局限在政府宣传部门内部，尚未形成既确保政府权威，又激活用户潜力、持续获得盈利的市场化运营模式。在实践中，除了采用封闭的内容生产平台完成常规的政策、活动等新闻的报道工作外，有的融媒体中心本着为民服务的目的，免费为重大活动做宣传；有的融媒体中心在新媒体平台加入了微商等广告模块，但用户对于新媒体广告的评价较低，且收入的资金未形成科学的管理机制。在市场化环境中，封闭的内容生产平台不利于调动全县信息生产者的积极性，生产出质量高、传播广的好内容，也不利于以信息生产方式的变革扩大其影响力，增加用户黏性。县级融媒体中心经营基本"依靠政务，购买服务，偶有活动盈利，赚的也都是政府的钱"，导致部分工作人员产生对现有工作"隔岸观火""精疲力竭""倍感挫折",认为融媒体中心建设是"老瓶装新酒",对融媒体中心的未来"不甚乐观"。完全依靠政府"输血","抱着金饭碗讨饭",而不改革自身运营模式,通过市场化探索提高自身造血能力,这种传统的生产、传播和运营模式不利于融媒体中心长远健康发展。

相比于东部多数地区而言,中西部地区的经济、媒体发展水平较低,县级融媒体中心的建设时间较短,经验不成熟,因此面临思想观念陈旧、内容建设困境、有限的人才队伍和资金投入等难题,这也是未来推动其纵深建设的主要发力方向。

第四章　中西部地区县级融媒体中心的发展模式

　　"中央厨房"是媒体转型过程中建设融媒体、全媒体平台最常见的模式，也是县级融媒体中心建设的目标、评价指标之一。在百度搜索引擎中，以"中央厨房""县级融媒体中心"为关键词，可得到466万条记录，充分反映出中央厨房与县级融媒体中心的紧密关联。但笔者在访谈和调研中发现，现有县级融媒体中心多通过整合电视、广播、报社、网站、移动客户端、第三方账号等平台资源，实现一次采集、多种生成、多元传播，但也存在数量多、规模小、人员杂散、资源共享与信息传播渠道不畅通等问题。若照搬大型媒体的融合发展思路，采用着力于内容大规模生产的"中央厨房"模式，则容易面临布局不合理、应用不便捷、实际效用有限等问题。事实上，部分县级融媒体中心的一线工作人员对其建设模式并无清晰把握，对中央厨房的了解程度较低，对于"中央厨房究竟是什么""县级融媒体中心也需要建设中央厨房吗""如何才能建好适用于县级媒体的地方厨房"这三个问题认知模糊，不利于具体工作的开展。这也反映出多数中西部地区县级融媒体中心尚未形成行之有效的建设和操作模式，中央厨房模式需因地制宜地改革，以控制好投入产出，处理好传播矩阵中各主体之间的相互关系，从而在标准化制作中凸显个性、鼓励创新，生产出内容质量高、传播范围广的爆款。结合现有研究资料和调研所得资料，本章以县级融媒体中心的建设模式为纽带，对上述三个问题展开详细回应。

第一节　中央厨房到底是做什么的？

"中央厨房"这一概念来源于餐饮行业，是指统一采购、统一配送和标准化生产制作食材的集成式厨房模式，其优点是以集中采购、集约生产、保证品质、降低各销售网点的加工成本，可实现多品种、小批量、高效率配送服务，从餐饮的全流程来降低成本，提高服务水平和工作效率。市场上常见的肯德基、呷哺呷哺等连锁商店中，少数店员为大量顾客提供高品质、标准化的餐饮服务，其秘诀就在于中央厨房对各店的精准支持。

图 4-1　餐饮业的"中央厨房"

在传媒行业中，"中央厨房"模式是我国媒体行业在学习和借鉴国外媒体集团成功经验的基础上，结合我国传媒特点和受众需要进行的一次大胆创新和自我革命。国外媒体集团将旗下电视、广播、纸媒等多种传播媒介的资源放置在一个大编辑部平台上来进行运作，实行统一策划、统一指挥、统一采编和全媒体发布。自 2014 年以来，我国以行政方式推动媒体行业的深度融合，将相对独立的报社、广播电台、电视台及网站等媒体单位整合成广电集团、传媒集团或报业集团，将策划、采访、制作、播发等媒体日常工作和现有信息资源、机构管理、人才队伍凝聚到多媒体综合平台中，以减少采编人员的重复性劳动，丰富同一素材的共享和利用，提高媒体内容的制作水平，增强媒体内容采集和传播的时效性，同时还可以加强传播信息的内容控制，满足用户的多样化信息需求，利用用户反馈的实时性、互动性提高内容生产的针对性。

中央厨房是各媒体集团深入推进媒介融合的策略、模式和产物，在具体的探索中，不同传媒集团有不同的运作模式，如以重大主题报道为中心的中央厨房运作模式、以合并部门成立"中心指挥部"的管理模式、以整合同类部门为试点的中央厨房调度子模式等。在诸多模式中，人民日报社的中央厨房尤其具有代表性，2017 年 1 月 11 日，《人民日报》第六版刊发了时任中宣部部长刘奇葆的署名文章《推进媒体深度融合 打造新型主流媒体》，其中指出："'中央厨房'就是融媒体中心。推进媒体深度融合，'中央厨房'是标配、是龙头工程，一定要建好用好。"2019 年 1 月 25 日，习近平总书记带领中共中央政治局同志来到人民日报社新媒体大厦的"中央厨房"，指出党报、党刊、党台、党网等主流媒体必须紧跟时代，大胆运用新技术、新机制、新模式，加快融合发展步伐，实现宣传效果的最大化和最优化，要求各级党委和政府要从政策、资金、人才等方面加大对媒体融合发展的支持力度。各级宣传管理部门要改革创新管理机制，配套落实政策措施，推动媒体融合朝着正确方向发展。

人民日报中央厨房位于人民日报新媒体大楼 10 楼，建筑面积 3200多平方米，作为面向受众、面向国际、面向未来的新一代内容生产、传播和运营体系，人民日报中央厨房打破了过去媒体的板块分割的运作模式，专门设立总编调度中心，以内容的生产传播为主线，建立采编联动平台，统筹采访、编辑和技术力量，实现"一次采集、多元生成、多渠道传播"的工作格局，不仅服务于人民日报旗下的各个媒体，成为整个人民日报社新闻生产中枢，更为整个媒体行业搭建了一个支撑优质内容生产的公共平台，聚拢各方资源，形成融合发展合力。不同于其他媒体的采编发一体化稿库，人民日报中央厨房是全流程打通、完整的媒体融合体系。为提升内容质量和产品的多样性，人民日报社还创新机制，另建了一条崭新的业务线——融媒体工作室，鼓励报、网、端、微采编人员按兴趣组合、项目制施工，从而实现资源嫁接，跨界生产，充分释放全媒体内容的生产能力。此外，人民日报社还与各地方媒体建立战略合作关系，旨在围绕内容、技术和传播等开展合作共享，通过中国媒体融合云这一技术解决方案实现技术平台的数据化、移动化、智能化。

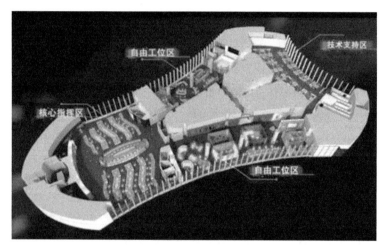

图 4-2　人民日报中央厨房结构示意图

除人民日报社外，新华社、中央电视台、中央人民广播电台、中国青年报社等中央媒体均建设了中央厨房。高科技、大屏幕、大开间办公区似乎已成为中央厨房的标配，部分中西部县级融媒体中心的领导同志和工作人员也以此为建设目标，在资金、设备、场地等方面积极推动中央厨房建设。然而，适应中央媒体融合发展、统筹中央媒体采编发流程而形成的中央厨房模式并非媒体融合的唯一模式，若不结合各地实际情况，单纯依靠投入大量资金、追求高端硬件设备而建成县级融媒体中心的"中央厨房"，则容易与县级融媒体中心的建设背道而驰。

图4-3 人民日报中央厨房实景图

图4-4 中国青年报中央厨房"融媒小厨"大屏

县级融媒体中心借鉴中央厨房模式需明确其本质。从中央级媒体和实力较强的省级传媒集团的融媒体平台建设现状来看,设备先进、现代化的办公空间仅是中央厨房的外在,其核心是一整套媒体工作的融合理念、策采编发业务线和工作机制。中央厨房定位于提升信息资源的利用

55

效率，以内容的生产传播为主线，融合了媒体发展的业务平台、技术平台、空间平台和人力资源。具体而言，这类中央厨房构建了适应融媒体生产的策采编发网络，再造了采编发流程；改革了采编部门设置，强化了各媒体总编室职能，鼓励编辑记者跨部门、跨媒体、跨地域、跨专业地来组织小规模的新闻工作室，对编制体制、机构职能、人员配置做出重大改革和调整，并依托这些新机制改革了绩效考核体系；最终形成了以"中央厨房"为核心，对融媒体各构成部门提供资金支持、技术支持、传播推广支持、运营支持和线下活动支持等资源保障的融媒体平台。

第二节　县级融媒体中心也需要"中央厨房"吗

中央媒体和实力较强的地方媒体建立中央厨房不仅是政策支持使然，更是信息资源和需求丰富、资金和员工技能支持下媒体融合发展的必然选择。中央厨房这一模式推广至县级媒体，可以满足县级融媒体中心改革策采编发流程、推进媒体融合的需求，但大型中央厨房模式并不一定适用于中西部各县级融媒体中心。以融合、创新的理念为指导，建立一套符合各县级媒体自身具体情况、在实际工作中行得通的运行机制，实现内容和服务的全流程统筹规划、分合有度，既有分工保证灵活性，又有协作形成合力，才是建设县级融媒体中心的正确思路。

不同于中央媒体和地方省级传媒集团，县级融媒体中心的定位不仅在于通过融媒体平台提升新闻素材、信息产品的利用效率，更在于整合新闻媒体、政务讯息以及生活服务等功能，在打造基层宣传思想工作和精神文明建设重要平台的同时，更好引导群众、服务群众，构建基层社会基本治理单元和社交平台，进而打通宣传信息、政务服务的"最后一公里""最后一百米"，强化其主流舆论阵地和基层服务平台地位，从而构建现代化传播体系和现代化基层治理体系。因此，县级融媒体中心可以借鉴中央媒体和地方传媒集团中央厨房的建设思路，结合本地实际情况，探索"服务+"县级融媒体中心的可行建设模式。具体而言，可借鉴传统大型中央厨房的以下内容：

第一，深度融合的理念。融合理念是建设县级融媒体中心最重要的思想基础，中西部各县级媒体与中央媒体、省级媒体、各平级媒体之间的资源共享、信息沟通、产品传播渠道整合的程度较低，本县域内各媒体之间、媒体内部各部门之间尚未完全形成素材共享、整合传播的理念和机制，而传统媒体与新技术、媒体与群众、媒体与政府、媒体与企业这四组主体间的融合理念也尚未理顺。各县级融媒体中心可借鉴大型中央厨房的建设思路，通过"去中心化"形成适应媒体融合发展的新思维、新观念、新认识，如借鉴自由、平等、开放、共享的"互联网思维"，将传统的宣传思维转变为"用户思维"，注重用户体验和实时互动，将分隔的部门、工种通过具体工作、办公空间、沟通渠道等方式融合起来，在县级融媒体中心平台中融入政务、文化、教育、创意、旅游、金融、艺术、体育、研学等相关内容，并将本县的融媒体中心作为中央、省级媒体的当地信息供应方、传播渠道和平级媒体的合作方，融入上级、平级媒体的策采编发流程中，从而达到资源共享、优势互补、相互促进的融合状态。

第二，新闻策划、采写、编辑、传播流程的再造。各县级融媒体中心可借鉴中央厨房的管理系统，通过改革信息生产的流程，共享新闻素材、信息产品、人才、平台、技术等资源，将融媒体指挥管理平台、组合信息终端平台、全媒体数据库等功能集于一体，统筹"策划、采访、编辑、发布"各个环节，形成"一次采集、多种生成、多端发布"的全媒体传播覆盖新格局，真正实现县域内部各媒体的资源共享，并将本县新闻的策采编发流程融入上下级、平级相关部门的信息工作中，从而提高信息资源的利用效率，真正建成各类资源相融的融媒体平台，实现传统县级媒体的新时代转型，进而提高主流媒体的传播力、影响力。

第三，对先进技术的积极采纳。部分大型中央厨房的先进技术如信息平台、移动终端、智媒技术需要较大的资金投入，并不适用于中西部多数县级融媒体中心的建设，若以先进技术为标杆，通过数百万元甚至上千万元的巨额投入来迎合媒体技术的发展趋势和上级领导部门的检查，只能将县级融媒体中心建成"面子工程""政绩工程"甚至烂尾工程，实际效用有限。但各县级融媒体中心可借鉴大型中央厨房对各类新媒体技术的开放态度，根据自身顶层设计，积极采纳适合提升新闻、政务、服务质量的新型技术，如平遥县智慧城市项目建设依托广电网络，采取有线无线相结合的技术手段，将各类新技术作为建设手段，运用互联网、物联网、大数据、云计算平台、信息感知、信息采集和网关型智能客户端，形成了以智慧城市云计算服务平台建设为核心，以满足党务、政务、教育、商务、市政、旅游六大领域应用需求为导向的智慧党务信息体系、智慧政务信息体系、智慧教育服务体系、智慧商务信息体系、智慧市政服务体系、智慧旅游服务体系，对小规模融媒体中心的建设具有借鉴价值。

第四，借鉴中央厨房模式下的人才引进和管理思路。当下县级融媒体中心的工作人员多为传统媒体从业者，缺乏互联网运营思维和经验，因此可借鉴大型中央厨房的人才培养模式，出台一系列具体的人才引进、管理政策，通过灵活、多元、有激励性的薪资待遇、福利待遇来吸纳融媒体领域的专业技术人才或内容生产人才进入本县工作。此外，中西部地区县级融媒体中心在进行人才招聘时，可凸显当地的宜居环境、文化氛围和乡土情怀优势，吸引本土人才回乡加入主流舆论阵地、现代政务服务平台建设大业中。同时，为解决管理人员和一线工作人员面对各类新技术的本领恐慌问题，可建立业务、技术、理念等方面的长期培训和外出学习机制，定期引进相关专家、学者开展业务培训会议，提升人才队伍的融合理念和技能，强化本县融媒体中心建设力量。

第三节 怎样才能建好适用于县级 媒体的"地方厨房"

县级融媒体中心的建设除了需遵循媒体发展规律，完成新媒体时代的转型发展外，还需立足基层主流舆论阵地的建设，在守好、建好主流舆论阵地、打通信息传播"最后一公里"的同时，助力基层政府现代化治理和当地经济文化发展。加之基层媒体由于信息存量、用户需求、资金投入、人才队伍等因素的限制，在设计发展模式时，在借鉴着力于媒体理念和信息产品策采编发的中央厨房建设经验的基础上，还需扬弃中央厨房不适合于基层媒体发展及线上政务服务等平台建设的细节，探索适合各县发展的"地方厨房"，具体而言，可从以下方面发力：

第一，凸显"地方厨房"服务地方的理念和功能。建设县级融媒体中心既是传统媒体彻底转型的媒体策略，更是服务群众、加强基层社会治理的政治策略。然而，长期以来体制内媒体因工作的稳定性和常规性，以宣传思维贯穿日常工作，易导致与用户、群众连接的失效，这是提升县级融媒体中心建设水平、提高传统基层媒体转型质量亟须解决的重要问题。因此，中西部县级融媒体中心在建设"地方厨房"时，需采纳中央厨房对新闻业务高度重视的理念，利用融媒体平台提高信息生产的效率和质量，将优质内容作为"招牌菜"，吸引用户的关注和应用。同时，还需扬弃中央厨房对媒体属性的过度依赖，在做好媒体发展的基础上重点凸显"地方厨房"服务地方发展的理念和功能。具体而言，应以当地群众需求和当地发展作为融媒体中心建设、服务的中心，围绕群众信息、服务和地方发展需求展开"地方厨房"菜单、口味、形式的基本设置，为当地群众提供定制化、及时性、便捷性的服务，在服务用户中引导用户，以融媒体中心建立媒体、政府与群众的连接，并围绕当地经济、文化等发展需求，全面设置政策宣传、产品推介、品牌打造等相应的服务功能，实现以融媒体中心践行群众路线、服务当地发展的目的。

第二，打造"地方厨房"的品牌菜。若县级融媒体中心过度依赖中央媒体、省级媒体和相关政府部门的内容供给，只能完成基本的日常宣传工作任务，维持融媒体中心的保守发展，无法真正实现融媒体中心在政治、民生上的重大价值，也无法以建设融媒体中心为契机，提高中西部媒体在全国的影响力和发声权。因此，中西部县级融媒体中心需建设"地方厨房"，在整合原有报社、广播、电视台、网站的基础上，积极融入微博、微信、今日头条、抖音等新媒体平台资源，在统筹各类媒体平台、资源的基础上，最大限度地拓展传播渠道、提高工作效率，打造并推出"地方厨房"的品牌菜，如可根据实际情况建设本县政务服务 App、移动小程序，建设全县一站式政务、服务、信息平台；也可定期推出当地舆情报告、传播效果排行、群众实时需求等数据报告，既可为县级融媒体中心的内容策划提供选题，也可动态满足当地群众对信息、服务的需求，并以舆情监测报告为当地党委政府抓好意识形态领域工作提供决策参考，这些品牌服务项目是县级融媒体中心提高不可替代性、提升影响力的重要途径。

第三，积极加入省级、中央级信息服务平台。以山西媒体智慧云平台为例，作为全省县级融媒体中心建设省级技术平台、省级总控平台，可为全省县级融媒体中心提供统一建设、一体推动的省级平台资源，实现省市县三级媒体资源的联动贯通，并为县级融媒体中心开展媒体服务、党建服务、政务服务、公共服务、增值服务等业务提供技术支撑。积极加入省级信息服务平台既可以获取技术支撑，减轻县级媒体探索融媒体中心建设的各类成本，也可以加强与其他融媒体中心的业务交流，并拓展信息传播平台，扩大自产内容的传播范围。而积极加入人民日报中央厨房、"学习强国"等中央级信息服务平台，既可以及时获取中央及其他各地的信息资源，又可全面展现本地经济建设水平和文化特色，有助于传播本地形象，吸引旅游、投资等经济资源。

融媒体中心的建设模式直接影响着其建设思路和具体路径。当前流行的中央厨房模式对中央媒体和地方省级传媒集团策采编发的适配度更高，其核心是一整套媒体工作的融合理念、融合业务线和相关工作机制。县级融媒体中心的定位不仅在于做好县级媒体，提升新闻采编资源和信息产品的利用效率，更在于整合新闻媒体、政务讯息以及生活服务等功能，在打造基层宣传思想工作和精神文明建设重要平台的同时，更好引导群众、服务群众，构建基层社会基本治理单元和社交平台，进而打通宣传信息、政务服务的"最后一公里""最后一百米"，强化主流舆论阵地和基层服务平台，从而构建现代化传播体系和现代化基层治理体系。因此，县级融媒体中心可以借鉴中央媒体和地方传媒集团中央厨房的建设思路，尤其需借鉴其深度融合的理念、新闻生产流程的再造、对先进技术的积极采纳和人才队伍建设思路，并结合本地实际情况，凸显服务地方的理念和功能，打造"地方厨房"的品牌菜，积极加入省级、中央级信息服务平台，探索"服务+"县级融媒体中心可行的"地方厨房"建设模式。

第五章　中西部地区居民的媒介使用偏好和政务服务需求

习近平总书记在视察人民日报时指出，要不断总结经验，在理念思路、体制机制、方式方法上继续探索，向基层拓展、向楼宇延伸、向群众靠近上继续下工夫，为人民群众提供更多更好的文化和信息服务。"受众在哪里、读者在哪里、用户在哪里，我们的工作重点就在哪里"，受众既是县级融媒体中心所传播信息的接受者，也是其建设的服务对象、传播成效的评价者和扩大的传播参与者，详尽的受众需求有助于提高县级融媒体中心建设的针对性和有效性。

为了解中西部地区居民的媒介使用偏好和政务服务需求，我们以山西居民为例，于2021年2月对山西居民发放了500份问卷。由于疫情影响，填写途径均通过微信渠道发送、填写。虽然微信及WeChat2021年已有月活跃用户12.68亿，但非微信用户尤其是不使用微信的老年人群体的媒体使用行为及政务信息、服务需求仍是县级融媒体中心建设需考虑的因素。不使用微信的老年人群体的数据需通过线下问卷获得，其媒介使用行为和政务服务需求是疫情结束后可以大规模开展的研究方向。

第一节　问卷调查的基本情况

针对山西居民的媒体接触行为和政务信息、服务需求，笔者于2021年1—2月开展了问卷调查。问卷内容包括人口统计学数据、媒体使用行为、政务服务需求三个方面，经10人预测试后修正了部分问卷

设计，详细问卷内容可见附录。由于疫情影响，采用问卷星线上方式对
500 名山西居民进行了问卷调查，因问题设置均为必答题，需全部回答
后才可完成问卷提交，故回收有效问卷 500 份，问卷有效率达到 100%。
另考虑到微信用户数量多、强关系型社交媒体有助于提高填写率，
99.8%的问卷通过微信渠道获得。

　　本次问卷第一部分是了解参与者的基本情况。在性别比例上，男性
参与者 205 人，女性参与者 295 人，各占比 41%、59%；参与者年龄集
中在 18~50 岁，其中 18~30 岁年龄段共有 318 人参与，占比 63.6%，
30~50 岁共有 119 人参与，占比 23.8%，具体如图 5-1 所示。因线上问
卷难以精准把控每一位受访者的人口统计学信息，受互联网用户年龄、
设备、媒介素养、填报意愿及访问者人际关系的限制，问卷参与者的性
别、年龄结构未做到完全均衡，但整体而言较为科学，故采取此数据作
为反映山西省乃至中西部地区居民媒介使用行为和政务服务需求的一个
侧面。

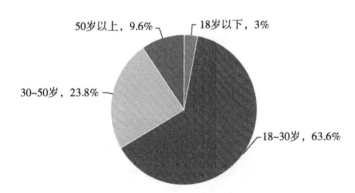

图 5-1　问卷参与者的年龄构成

　　学历是影响媒体使用行为的一个考量因素，在本次问卷中，本科或
大专的人群成为最主要的参与群体，占比达到 52.8%，对研究生及以
上（27.6%）、高中或中专（9.4%）、初中及初中以下（10.2%）的学
历群体也有所覆盖，具体如图 5-2 所示。

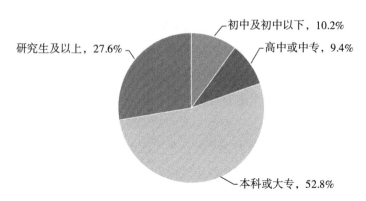

图 5-2 问卷参与者的学历构成

问卷参与者的职业方面，高校学生及国家机关、党群组织、事业单位员工是主要参与人群，同时覆盖了专业技术人员、商业服务业人员、第一产业生产人员、退休人员及其他职业人员，行业覆盖面较广，具体如图 5-3 所示。

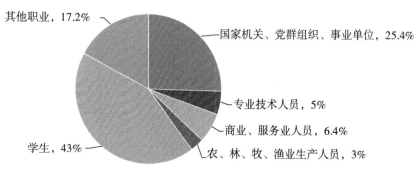

图 5-3 问卷参与者的职业构成

在同一个省份，不同地级市居民的媒介接触和政务服务需求或许有所不同。为交叉研究不同地级市居民的媒体使用行为和政务信息服务需求，问卷也设置了参与人所在地级市的考察，山西各地级市的居民均有参与，受访问者人脉关系限制，太原市、晋中市的参与者超过 20%，具体见表5-1。

表5-1　　　　　　　　　　问卷参与者所在地级市

选项	小计	比例	
太原市	136		27.2%
长治市	31		6.2%
大同市	17		3.4%
阳泉市	19		3.8%
晋中市	103		20.6%
朔州市	10		2%
临汾市	32		6.4%
忻州市	26		5.2%
吕梁市	45		9%
运城市	55		11%
晋城市	26		5.2%
本题有效填写人次	**500**		

第二节　山西居民的媒体接触行为和偏好

媒体属性是县级融媒体中心的主要属性，为了提高信息产品生产、传播对当地居民的针对性，需着重了解当地居民的媒体接触行为和偏好，并将此作为未来县级融媒体中心提高媒介产品质量的主要依据。本次问卷主要从居民日常接触的媒体类型、使用目的、接触时长和使用感受四方面展开调查，具体内容如下：

第一，居民日常接触的媒体类型方面，移动智能终端尤其是智能手机已成为山西居民日常最主要接触的媒体。智能手机将通信工具、社交媒体相结合，随着移动互联网的普及，居民可随时随地下载各种媒体应用，并实现了便捷的社会交往。问卷中，在最常使用的三个媒体终端中，97.6%（488人）的居民选择了手机，86%（430人）选择了互联网，这两大媒体的接触率远高于其他媒体终端，这也印证了移动优先这一媒体改革策略具有较强的现实适用性。在移动优先的策略下，重视视频化传播、社交化传播、个性化定制，建设多元化矩阵是县级融媒体中心满足居民需求的必然举措。县级电视台是现阶段县级融媒体中心的主要媒体类型和传播渠道，电视作为传统媒体的代表，仍是65.2%（326人）的被访者日常主要接触的媒体，但从访谈结果来看，电视在居民生活中的影响力日益降低，多作为安抚、教育婴幼儿的工具，或以声音实现对成人的陪伴，或作为家具摆设出现在日常生活中，甚至部分青年家庭已不再将电视作为家庭必需设备，使用家用投影仪即可实现大屏幕观看视频的需要。与之类似的广播仍有一定的市场，有12.4%（62人）的被访者将其作为日常接触的主要媒体，但影响力远低于智能手机。纸质媒体方面，仅有5.4%和6%的居民日常接触报纸、杂志，考虑到受访者主要由高校学生及国家机关、党群组织、事业单位员工构成（占比达到68%），这类人群有阅读纸质媒体的资源和需求，因此，纸质媒体在现实生活中的接触比例会低于5%，甚至可以说，报纸与杂志已基本消失于普通居民的日常生活中。在问卷中，虽有111人将图书作为主要接触的媒体，但考虑到学生占据了被访者构成的43%，保守估计图书在普通居民日常生活中的接触率也会远低于这个数据。

为了验证职业与媒体使用的关系，笔者对被访者职业和最常使用的媒体类型进行交叉分析，得到表5-2。数据分析表明，图书在学生和其他职业人群中接触比例为30.7%（高于平均接触率22.2%），报纸在国家机关、党群组织、事业单位人群中的比例为11.02%，杂志比例为7.87%，但在专业技术人员中的接触比例为4%，在第一产业生产人员中为0%。相比手机在不同职业中均高于96%的接触率，纸质媒体的接触体现出明显的职业差别。

由此看来，若县级融媒体中心的建设以电视为核心和突破口，深耕电视、广播和传统纸质媒体，这一发展思路并不契合于当前居民的媒体接触习惯，而施行移动化策略是当前县级融媒体中心获得影响力的主要方向。县级融媒体中心在迎合移动互联网下居民的媒介接触偏好的同时，还需做好媒介引领工作。智能手机虽具备移动使用、多媒体呈现、

表 5-2　　　　不同职业与最常使用的媒体的交叉分析结果

X\Y	手机	互联网	报纸	广播	杂志	电视	图书	其他	小计
国家机关、党群组织、事业单位	126(99.21%)	112(88.19%)	14(11.02%)	22(17.32%)	10(7.87%)	76(59.84%)	17(13.39%)	4(3.15%)	127
专业技术人员	25(100%)	20(80%)	1(4%)	6(24%)	1(4%)	17(68%)	4(16%)	1(4%)	25
商业、服务业人员	31(96.88%)	26(81.25%)	1(3.13%)	6(18.75%)	1(3.13%)	25(78.13%)	3(9.38%)	3(9.38%)	32
农、林、牧、渔业生产人员	15(100%)	11(73.33%)	0(0.00%)	4(26.67%)	0(0.00%)	13(86.67%)	2(13.33%)	0(0.00%)	15
学生	208(96.74%)	200(93.02%)	6(2.79%)	12(5.58%)	15(6.98%)	131(60.93%)	66(30.70%)	7(3.26%)	215
其他职业	83(96.51%)	61(70.93%)	5(5.81%)	12(13.95%)	3(3.49%)	64(74.42%)	19(22.09%)	11(12.79%)	86

社交分享等优势，但过长时间的小屏幕使用不仅不利于居民的视力保护，过多的具象信息呈现也会侵扰居民的抽象思维能力和想象空间，碎片化阅读不利于深度、系统信息的获取，过多的娱乐信息又会分散居民有限的注意力资源，加之人手一个智能终端，沉浸其中也不利于营造沟通、有爱的家庭氛围，因此，县级融媒体中心在做好移动优先发展策略、确保主流舆论阵地的前提下，还需发挥媒介引领作用，既通过优惠、丰富、有趣、有用的电视等传统媒体吸引居民以家庭为单位进行媒介接触，营造良好的家庭氛围，又可通过支持图书、杂志等纸质媒体发展，引导居民形成深度阅读、抽象思考的能力和习惯，或借助媒体的传播渠道和影响力，为纸质媒体相关的企事业单位提供宣传平台，助力相关文化产业的发展，在做好媒体发展的同时服务于全民阅读、书香社会的建设。

第二，媒体使用目的方面，山西居民主要通过媒体接触实现获取信息、娱乐和社会交往的主要目的。从具体数据来看，受访者选择了解新闻资讯（86%）、获得娱乐（74.2%）、社会交往（73.4%）的比例远

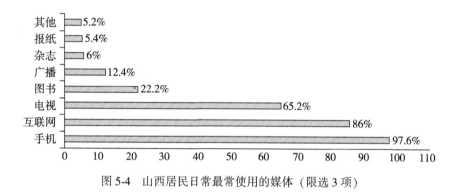

图 5-4 山西居民日常最常使用的媒体（限选 3 项）

高于其他选项，50%的受访者使用智能手机处理工作事宜，44%的受访者使用媒体消磨时间，仅有 27.6%的访问者通过媒体获取政务服务，具体数据如图 5-5 所示。获得娱乐、社会交往、消磨时间成为山西居民媒体使用的主要目的，既反映出山西居民媒体使用目的的多元性、娱乐性，也反映出山西居民现有媒体使用水平较低，仍有较大的注意力资源市场，开发高质量的信息产品、通过社交媒体传播是县级融媒体中心未来发展可借鉴的思路。在受访者可填写内容的"其他"选项中，有居民表示使用媒体的目的主要与学习有关，县级融媒体中心满足居民的学习需求、帮助居民提升自我、进而建设学习型社会也是未来可考虑的发展方向。

新闻资讯可以消除居民生活、工作中的不确定性，当地新闻资讯在此方面的作用尤其凸显。在中西部绝大多数县域，县级融媒体中心具有当地最专业的新闻生产者、最权威的信息来源和与当地相关性最强、影响力最大的广播、电视台等地方媒体，在满足居民新闻资讯需求方面有得天独厚的优势。深挖当地新闻资讯、提高优质信息产品供给是提升县级融媒体中心影响力的可行策略。获取娱乐、社会交往这两项媒介使用目的占比也较高，居民偏向使用媒体尤其是智能手机娱乐身心、密切交往，而县级融媒体中心擅长传播硬新闻，因此，在移动化发展中面临娱乐和社交这两大类动机的强势竞争。

此外，从问卷结果来看，通过媒体获取政务服务尚未成为山西居民使用媒体的主要目的，县级融媒体中心在建设成为居民信赖的政务信息、服务平台方面仍有极大的发展空间。突破口一是完善融媒体平台顶层设计和内容设置，加大政务信息和服务的线上展示力度，畅通政府—融媒体中心—居民的联系渠道，提高县级融媒体中心在政务服务方面的有效性；二是加大对县级融媒体中心功能的宣传，引导居民养成通过融媒体中心获得政务信息、服务的习惯。

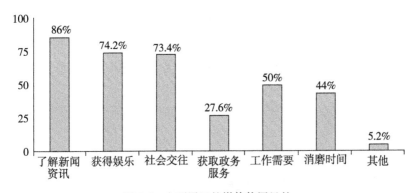

图 5-5　山西居民的媒体使用目的

第三，媒体使用时长是测量居民对媒体使用程度或依赖程度的重要指标。iiMedia Research（艾媒咨询）数据显示，2021 年上半年，超过 65.1% 的中国居民每天使用移动社交软件的时间超过 2 小时，考虑到其他应用软件的使用，智能手机的每日使用时长会超过这个时间。山西居民的媒体使用时长与之相似，从问卷结果来看，59.8% 的山西居民每天的媒体接触时间超过 3 小时，其中 33% 的参与者超过 5 小时。在"媒体使用感受"量表中，"使用媒体是我日常生活的一部分"非常符合 48.8% 居民的感受，比较符合的比例占 39.8%，二者合计，超过 88.6% 的居民已将使用媒体视作日常生活的一部分。超长时间的媒体接触、日常必备的媒体使用行为，一方面为县级融媒体中心的建设提供了良好的用户市场；另一方面也为居民的身心健康带来潜在危机。德勤和市场研究机构 Global Web Index 研究发现，全球互联网使用时长的每 3 分钟就有 1 分钟用于社交媒体和即时通讯上，长时间的社交媒体使用不仅将居民的时间、日程安排和注意力打散，侵占了其深度思考的空间，而且长时间的屏幕接触也使居民远离自然风光、体育锻炼，对于居民视力、腰椎、颈椎、睡眠等健康有所损害，且有研究发现，社交媒体的使用每多增加一小时，抑郁症状就增加 0.41 个单位。① 县级融媒体中心作为中央推动建设的全国性战略，现已形成较好的居民媒体接触时长和习惯，具有广阔的用户市场。在开发用户市场、进一步提升其影响力的基础上，县级融媒体中心还需在当地开展有效的媒介素养教育，引领居民养成科学的媒体使用行为，从而确保居民身心健康，这一方向具有极大的可开发空间，健身教练刘耕宏短期内在抖音平台粉丝超过 200 万，也印证了居民对健康生活类媒体内容的迫切需求。

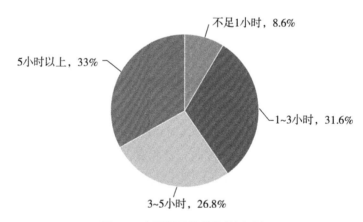

图 5-6　山西居民的媒体使用时长

第四，媒体使用感受的范围较广，问卷关注了媒体使用行为认知、媒体使用后的评价、信息质量评价、信息获取行为、媒体接触花费、对县级融媒体中心的接触程度、未来对新渠道的使用意愿等方面。从媒体

---

① 张冰清. 狂刷微博、朋友圈，小心抑郁症［EB/OL］. 中国法院网，2019-7-18，https：//www.chinacourt.org/article/detail/2019/07/id/4185560.shtml.

使用后的评价来看，超过 77% 的受访者使用现有媒体后感到"放松、满足"或"非常放松、满足"，8% 的受访者的感受相反，15% 的受访者难以判断。整体而言，山西居民对现有媒体的使用评价较高，尤其是在放松身心、满足需求方面评价较高。但与"放松需求"得到满足情况相反的是，低质量的信息内容已影响到山西居民对外界的判断，"有的信息质量很差，看完让我很迷茫"比较符合（41.8%）或非常符合（26.8%）山西居民的实际情况，即低质量的媒体信息困扰了至少68.6% 的山西居民获取有效信息、消除不确定性、做出正确行为决策。低质量的信息也影响了一部分山西居民获取信息的效率（在 SPSS 分析中，二者的相关系数为 0.46，$p<0.01$），从数据来看，11.4% 的居民很难快速获取自身需要的信息，29.4% 的居民较难获得所需信息，只有6.4% 的居民可以快速获得所需信息。在海量的信息市场中，精准回应居民的信息需求，整合信息板块、形成人性化的搜索和信息呈现方式，并通过多元化的宣传渠道提高县级融媒体中心在居民中的普及率，是县级融媒体中心在海量信息市场中获取用户、服务群众的重要突破口。

表 5-3　　　　　　　　山西居民的媒体使用感受量表

题目 \ 选项	非常不符合	不太符合	难以判断	比较符合	非常符合	平均分
使用媒体是我日常生活的一部分	4.2%	1.8%	5.4%	39.8%	48.8%	0
我感到很放松、满足	3.4%	4.6%	15%	51.8%	25.2%	0
有的信息质量很差，看完让我很迷茫	5%	9.8%	16.6%	41.8%	26.8%	0
我无法快速获得我想要的信息	6.4%	29%	23.8%	29.4%	11.4%	0
接触这些媒体很费钱	17.4%	49%	14.6%	12.6%	6.4%	0
我日常可接触到的政务信息很少	8.4%	29.6%	17.2%	33.6%	11.2%	0

续表

题目＼选项	非常不符合	不太符合	难以判断	比较符合	非常符合	平均分
各类应用程序、媒体账号太多了，我不会轻易接触新渠道了	6%	19.8%	15.6%	40.8%	17.8%	0
我对我们区、县的电视、广播接触不多	5.6%	9.6%	6.6%	42.8%	35.4%	0
小计	7.05%	19.15%	14.35%	36.58%	22.88%	0

对费用的评价反映出居民对当地媒体使用花费的可接受度。从调查数据和访谈结果来看，超过 66.4% 的受访者不认为接触媒体"很费钱"，19% 的受访者的评价反之，14.6% 的受访者难以判断。媒体使用的花费主要来自智能手机和联网资费，随着智能手机逐渐成为居民生活的必需品和联网资费的下降，整体而言，"为人民群众提供用得上、用得起、用得好的移动互联网信息服务"在山西的推进效果良好（这一结果或许受线上问卷影响，未来还需通过线下问卷进一步研究），县级融媒体中心的接收端即用户已基本具备媒介接收设备，但在财政可承担的范围内降低网络资费、进一步提高移动互联网的普及程度，也有一定的必要性。

居民对县级融媒体中心的接触程度方面，在数字媒体时代，智能终端轻易实现了日常生活与"地球村"的连接，各类自媒体、机构媒体作为传播者形成信息的卖方市场，社交媒体又以社会交往的形式分散了居民有限的注意力资源，县级融媒体中心依托的县级电视台、广播台、报纸等媒体进入与全球传播者争抢注意力资源的信息环境中，现阶段在竞争中处于劣势地位，提高县级融媒体中心的影响力，打通信息传播的最后一公里、最后一百米，任重道远。

为减少"县级融媒体中心"这一新名词对居民的困惑，问卷题目设定为"我对我们区、县的电视、广播接触不多"，采用李克特五级量表进行测量。从问卷结果来看，居民对县级媒体的接触度极低，88.2%的受访者表示对本区、县的媒体接触不多，6.6%的受访者难以判断，仅有9.6%的受访者对县级媒体接触较多，5.6%的受访者接触很多。不同城市的县级媒体接触程度虽然略有差别，但差别较小，具体见表5-4。而依托县级媒体的融媒体中心虽自2018年已开启建设进程，但在居民中的认知度仍较低，46.8%的受访者表示"不知道什么是县级融媒体中心"，41.6%的受访者表示知道融媒体中心，考虑到问卷样本中高校学生尤其是新闻系学生占比较高这一情况，普通居民的认知度应略低于此数据，提升县级融媒体中心在居民中的认知度仍有较大的努力空间。

表 5-4　　　　山西各城市与"我对我们区、县的电视、
广播接触不多"的交叉分析结果

X\Y	非常不符合	不太符合	难以判断	比较符合	非常符合	小计	平均分
太原市	10(7.35%)	11(8.09%)	11(8.09%)	59(43.38%)	45(33.09%)	136	0
长治市	2(6.45%)	1(3.23%)	1(3.23%)	13(41.94%)	14(45.16%)	31	0
大同市	0(0.00%)	3(17.65%)	2(11.76%)	6(35.29%)	6(35.29%)	17	0
阳泉市	1(5.26%)	2(10.53%)	1(5.26%)	8(42.11%)	7(36.84%)	19	0
晋中市	10(9.71%)	15(14.56%)	6(5.83%)	43(41.75%)	29(28.16%)	103	0
朔州市	0(0.00%)	1(10%)	1(10%)	3(30%)	5(50%)	10	0
临汾市	2(6.25%)	2(6.25%)	2(6.25%)	14(43.75%)	12(37.5%)	32	0
忻州市	1(3.85%)	2(7.69%)	0(0.00%)	9(34.62%)	14(53.85%)	26	0
吕梁市	1(2.22%)	5(11.11%)	4(8.89%)	18(40%)	17(37.78%)	45	0
运城市	1(1.82%)	3(5.45%)	4(7.27%)	27(49.09%)	20(36.36%)	55	0
晋城市	0(0.00%)	3(11.54%)	1(3.85%)	14(53.85%)	8(30.77%)	26	0

未来对新渠道的使用意愿一定程度上可反映出县级融媒体中心开设新渠道、新平台的市场接受意愿。建设新媒体矩阵、在各社交媒体平台开设账号、建设本区域 App 是县级融媒体中心常见的建设思路，但从

数据来看，"各类应用程序、媒体账号太多了，我不会轻易接触新渠道了"非常符合17.8%的受访者的情况，比较符合40.8%的受访者的情况，15.6%的受访者需看情况再决定，仅有25.8%的受访者对新的媒体渠道持开放态度。不同地级市居民的使用意愿有较大的差别，城市和使用意愿的交叉分析结果见表5-5，因线上问卷无法确保各地级市的人数均等，因此结果仅供参考。但居民对新媒体、新渠道较低的使用意愿对我们的启发在于，县级融媒体中心若无持续的资金投入、高质量的内容和人才支持，贪大求全开设县级App或其他新渠道，或将面临较大的风险。

表5-5　　　　所在地级市与新渠道使用意愿的相关分析表

X\Y	非常 不符合	不太符合	难以判断	比较符合	非常符合	小计	平均分
太原市	12(8.82%)	21(15.44%)	23(16.91%)	56(41.18%)	24(17.65%)	136	0
长治市	1(3.23%)	7(22.58%)	6(19.35%)	15(48.39%)	2(6.45%)	31	0
大同市	0(0.00%)	5(29.41%)	3(17.65%)	8(47.06%)	1(5.88%)	17	0
阳泉市	0(0.00%)	2(10.53%)	4(21.05%)	10(52.63%)	3(15.79%)	19	0
晋中市	10(9.71%)	24(23.30%)	15(14.56%)	32(31.07%)	22(21.36%)	103	0
朔州市	0(0.00%)	1(10%)	1(10%)	4(40%)	4(40%)	10	0
临汾市	1(3.13%)	9(28.13%)	4(12.5%)	16(50%)	2(6.25%)	32	0
忻州市	2(7.69%)	4(15.38%)	4(15.38%)	10(38.46%)	6(23.08%)	26	0
吕梁市	1(2.22%)	9(20%)	9(20%)	19(42.22%)	7(15.56%)	45	0
运城市	1(1.82%)	10(18.18%)	6(10.91%)	25(45.45%)	13(23.64%)	55	0
晋城市	2(7.69%)	7(26.92%)	3(11.54%)	9(34.62%)	5(19.23%)	26	0

第三节　山西居民的政务信息、服务需求

在前文中笔者详细探讨了中西部县级融媒体中心的定位，即引导、服务群众的平台，政治沟通的桥梁，基层治理、智慧城市建设的契机和

以媒体转型促进全省发展的机遇。在此顶层设计中，县级融媒体中心名称虽与"媒体"相关，但已跳脱媒体，成为媒体信息、政务信息、政务服务、政治沟通、城市发展的综合平台，其中以媒体为核心，融汇政务信息和政治服务是未来县级融媒体中心的主要思路。精准识别本地用户的政务信息、服务需求和现状，有助于提高建设县级融媒体中心的针对性。

第一，政务信息、服务需求方面，山西居民有极强的政务服务需求。政务信息不仅包括地区领导讲话、建设成就和经验等常规的政治信息，而且包含地方经济、政治、社会等多方面的方针政策、工作决定、问题与思路等内容，政务服务则涵盖了政府为群众、企业、社会团体提供的所有行政权力事项和公共服务事项，二者均与群众日常生活息息相关。从问卷结果来看，37%的受访者非常需要权威、靠谱的政务信息和服务，41%的受访者比较需要，仅有2%的受访者表示非常不需要，7%的受访者不太需要。而在深度访谈中，所有居民均表示需要及时获取政务信息、得到政务服务。因此，整体而言，为居民提供权威、有用的政务信息和服务，有广泛的市场需求，这也是县级融媒体中心相比其他自媒体、中央和省级机构媒体独具特色、不可替代的优势。

第二，现有政务信息、服务的评价方面，居民对现阶段政务信息、政务服务的评价较低，因此县级融媒体中心在改善政务信息、服务方面有很大的发展空间。问卷针对现有政务信息、服务设置了两个问题，一是"现有的政务服务信息对我帮助不大"的李克特量表，这一描述非常符合77位受访者（15.4%）的情况，比较符合190位受访者（38%）的情况，非常不符合或不太符合的比例占23.6%，具体如图5-8所示；二是"我不知道怎样才能获取需要的政务服务信息"，与上一问题类似，非常符合82位受访者（16.4%）的情况，比较符合165位受访者（33%）的情况，非常不符合或不太符合的比例占34.8%，具体如图5-9所示。现有的政务服务信息无法满足居民的需求，居民也无法在低质量的信息市场中获取自身所需的信息。这一现状表明，居民对于提高线上政务信息、服务的质量有强烈的需求，县级融媒体中心在未来建设中需

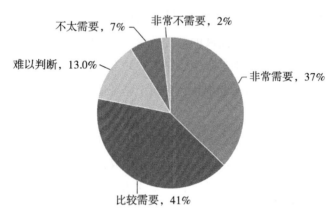

图 5-7　山西居民的政务信息、服务需求

以此为重点发展方向，在做好新闻资讯的基础上加紧设置政务信息、政务服务内容板块，提高此类信息和服务的比重及呈现方式，努力将其建设成为居民办事的第一咨询人。此外，以融媒体中心为载体开展全民媒介素养教育，提高居民获取信息的效率和判断辨别信息的素养，也有较强的实践必要性。

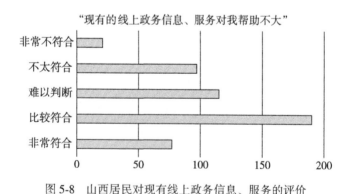

图 5-8　山西居民对现有线上政务信息、服务的评价

　　第三，获取政务信息、服务的偏好方面，山西居民偏向从官网、官方微博、微信公众号获取信息，但仍有 35.2% 的居民更偏向于去相关

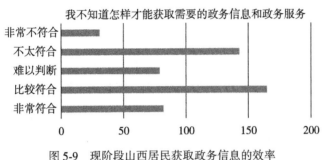

图 5-9　现阶段山西居民获取政务信息的效率

现场办事。在信息时代，通过网络查询已成为山西居民的主要获取信息方式，77.4%的受访者偏向网络获取信息，在人情味较浓的山西区县地区，仅有8%的受访者偏向询问亲戚朋友获得政务信息、服务，4.2%的居民偏向打热线电话（但访谈时也有居民表示，很难查到办事部门的电话号码），6.8%的居民偏向去相关部门现场咨询。这表明，多数居民已养成通过线上渠道获取政务信息的习惯，加快线上政务平台的建设有很强的必要性和可行性。

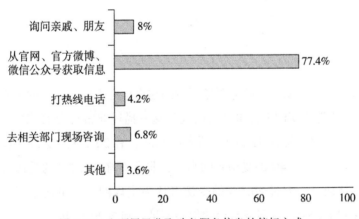

图 5-10　山西居民获取政务服务信息的偏好方式

与获取信息方式的网络化相矛盾的是，居民更偏向去政府相关部门现场办理。对于"相比网络办理，我更愿意去现场办事"这一描述，35.2%的受访者表示非常愿意或比较愿意"去现场办事"，50.4的受访者愿意网络办理，14.4%的受访者难以判断。便捷、高效是居民找政府办事的第一考虑因素，由于线上政务服务的施行仍在探索中，中西部县级政府提供线上政务服务的项目极少，因此居民很多时候需去政府部门现场办理事宜，有访谈者指出，"至少要去两三次，先去了解清楚需要什么手续，抓紧准备好材料再去提交，第一次办理的话，摸不准要求，还得返工。若是事情麻烦，跑个五六次还算少的"。事实上，即便50.4%的受访者愿意线上办理，也不一定具备现实条件。新冠肺炎疫情为建设线上政务服务平台提出了更迫切的要求，中西部县级融媒体中心可效仿北京市政务服务的移动化改革，建设政务服务完备的一站式线上服务大厅，既能减少居民办事所需的时间精力，又能提供全天候服务。访谈时有居民担心线上服务不能确保进入政务办事流程，或担心线上服务被区别对待，因此，仍有超过1/3的居民偏向现场办事。县级融媒体中心在未来建设中，需确保融媒体中心连接政务服务的正当性，统一线上线下政务服务的标准，扩大融媒体平台可提供的服务事项，积极采用人工智能技术提高官民互动的及时性和精准性，为政府办事人员和居民工作、生活提供切实的便利，尤其注意老年人群体的政务服务需求。唯有此，才能以信息、服务赢得民心，真正打通信息、服务的最后一公里。

　　第四，对未来线上政务服务平台的建设信心方面，居民的态度并不明朗。"感觉实现网上办事还很遥远"这一描述非常符合15.2%的受访者的判断，比较符合31%的受访者的判断，有20.2%的受访者难以判断，不太符合25.4%的受访者的判断，非常不符合8.2%的受访者的判断。整体而言，超过46.2%的受访者认为实现网上办事还很遥远，对于迅速建成线上政务服务平台的信心不足。到2020年10月，北京已实现一部智能手机办理上千件政务事，而仅有8.2%的山西居民非常相信山西在近些年可实现网上办事，这从一个侧面反映出山西省乃至中西部地区各区县在探索线上政务服务方面效果有限，县级融媒体中心在此方面还有很大的发展空间。

第四节　居民对县级融媒体中心或当地政务服务平台的建设建议

问卷最后设置了开放式问题："您对县级融媒体中心建设或当地政务服务平台建设有何建议？"这一题目非必答题，但仍有 208 位受访者在智能手机的小屏幕上写下建议，其认真作答的态度表明被访者对于县级融媒体中心或政府服务平台的建设极为关注。作为与居民生活息息相关的信息、服务平台，多数被访者表示县级融媒体中心"挺好的""大力支持"，希望"继续跟进加强""好好发展""加油""赶快建立、赶快推广"，也有居民认为"现在做的还不行"，对其建设提出具有针对性的建议。开放式问题共获得 2206 字的文本，文本量较小，但为了提高文本分析的科学性，笔者采用大数据分析法，将文本存入 Mysql 数据库后，采用 Java 编程语言调用 NPL 分词算法对所得文本进行分词，去除单字词、无效词后，聚合得到 187 个中文词汇，之后采用 Python 编程语言获取词频前 100 的词汇，具体见表 5-6，并用 Python 的 word cloud 功能生成词云图，如图 5-11 所示。

表 5-6　　山西居民对建设县级融媒体中心建议的高频词汇表

词汇	词频	词汇	词频	词汇	词频	词汇	词频
服务	19	继续	4	办事效率	3	人民	2
信息	17	需求	4	现场	3	技术	2
希望	13	使用	4	挺好	3	关心	2
建设	12	网络	4	工作	3	最后	2
政务	12	提供	4	实事	3	更好	2
媒体	11	公布	4	高	3	做到	2
及时	8	发展	4	内容	3	出发	2

续表

词汇	词频	词汇	词频	词汇	词频	词汇	词频
便捷	8	服务态度	4	建立	3	能力	2
平台	8	很好	4	百姓	3	新媒体	2
提高	6	普及	4	公开	3	努力	2
传播	6	民生	4	多多	3	先	2
完善	6	老百姓	4	力度	3	相关	2
宣传	6	中心	4	简化	3	规范	2
建议	6	应该	4	好好	3	为民服务	2
群众	6	生活	4	扩大	3	地区	2
了解	5	服务平台	3	实现	3	加油	2
问题	5	解决	3	推广	3	受众	2
加强	5	做	3	少	2	渠道	2
为民	5	不够	3	减少	2	缺乏	2
更新	5	网上	3	打通	2	专业	2
融合	5	人员	3	便民	2	应	2
加大	5	贴近	3	范围	2	适应	2
需要	5	赶快	3	一站式	2	工作人员	2
真正	4	方便	3	办实事	2	接触	2
流程	4	总是	3	管理	2	十分	2

从高频词汇表和词云图来看，山西居民对县级融媒体中心或政务服务平台的建议集中于服务、信息、希望、建设、政务、媒体、及时、便捷、平台、提高等方面，反映出居民既发现了县级融媒体中心及政务服务平台的现有问题，也对其建设提出具体建议和热切希望。结合访谈结果，山西居民的建议主要集中于以下几方面：

第一，对县级融媒体中心或政务服务平台的期待方面，为民办实事成为受访者的主要期待。如有居民希望县级融媒体中心或政务服务平台"更贴近老百姓的现实生活需求，更体贴民生""为民做主""更好为人

图 5-11　山西居民对县级融媒体中心的建议词云图

民服务""多为老百姓提供服务""以人为本""求公平，办实事""多办实事""便民利民""真正以便民为中心""更加亲民一点""多多关心老百姓反映的问题并及时解决""多多倾听人民群众的声音""多多关注民生""注重受众需求""加强群众联系""多和基层群众互动"，希望县级融媒体中心或政务服务平台成为居民与政府沟通的有效渠道，在全社会快速网络化的进程中尤其关注"非网族需求""老人群体"，进行"适老化"改革，"为无法接入使用互联网的老年人提供一些便利"。以人为本、倾听民声、服务群众并"落实"到实际行动中，是居民对县级融媒体中心的核心期待。在建设成效方面，较多受访者提到建设县级融媒体中心"请落到实处"，应"尽快建设好投入使用并且实用"，而非"单纯为了政绩""过于形式主义""浮于表面""形式化太严重"，否则"花里胡哨不适用""没有也罢"。这些内容主要突出服务居民、落到实处，简洁有力地反映了居民对县级融媒体中心或政务服务平台的期待。

　　第二，受访者从媒体层面对县级融媒体中心提出较多建议：在媒体内容方面，有居民认为"新闻敏感不够"，"有点土，缺乏创新，年轻人不爱看，山西的县级融媒体总是以家长里短闻名，全是鸡飞狗跳的事"，"会议多"，"和普通人生活距离远"，甚至直言"无意义"。针对此现状，有居民希望"发布的信息与人们生活密切相关一些"，"多发点与民生紧密相关的内容，少发点百姓看不懂的官样文章"，"完善服务内容"，"深入生活"；在信息的呈现方面，受访者希望"信息更准确些""及时传播信息""及时更新信息政策""提高时效性"，尤其是在后真相时代，以权威的信息传播者立场帮助居民判断是非，"应直接提醒什么是真什么是假""信息求真"，及时、准确、权威的信息产品是受访者对融媒体平台最期待的内容。在融媒体中心内容的设置方面，有居民希望"对标发达地区服务理念和页面设计，减少阅读障碍和繁复的层级架构，简化流程，便于不同网络使用能力和习惯的人群使用，便于弱势群体使用"。高质量的媒体内容是政务服务平台建设的前提，有居民希望"先打造本地爆款产品、建设品牌形象吸引流量，再实现发挥政务平台功能"。融媒体中心的建设方面，有居民发现"融合性太差"，希望山西"先好好发展经济"，或希望"依据当地设施条件建设，不跟风，提供切实服务""适应当地"，在符合当地实际情况的前提下"整合好资源"，并"提高技术支撑""多采用信息化手段""加入人工智能判断""实现智能化，贴心化""完善网上服务平台"。从当地实际出发，整合现有资源，在此基础上采用人工智能等先进技术，是受访者对融媒体中心建设思路的主要建议。

　　第三，政务服务平台是县级融媒体中心未来的建设方向，对于政务服务平台，受访者的建议集中于线上、线下政务服务平台两方面。线上政务服务平台方面，有受访者希望"拓展网络办理业务""加大线上政务服务平台的建设"，内容上"多做基础信息公布工作"，"及时公布、更新政务服务流程或相关部门的热线电话"，"透明迅捷，真实可靠"，"公开透明"，且内容"要权威"，提供"更加快捷高效的服务"，另有居民希望"建议出一款比较全能便捷的政务服务 App"，"建立一个融合 App，上面包含一些日常必需的生活资讯，如公交到站、商铺活动等"，"加大网络媒介的应用，减少现场业务"，并"降低操作难度"。精简成为居民对政务服务平台的重要需求，如受访者提到希望"平台便捷化简约化、服务事项全面化"，凸显"便捷性"，"精简，不要盲目建设新的平台"，"程序更简化，效率更高"，"提高信息处理速度"，"简化流程"，"资料少提交，缩短时限，人性化多考虑"，提供"多功能一体化，方便快捷一站式服务"。作为政务服务的补充，有居民希望建立完善的政务热线服务，针对不同的事项、人群开展相应电话服务，提高"针对性服务的专业性"，并对热线服务进行量化考核、及时公示。虽然全国基本普及了 12345 政府服务热线，但居民对于及时、有效的政府服务仍有较强的需求。还有居民对依赖竞价排名的网络搜索结果表示不满，"都是广告"，希望政府加强对搜索引擎竞价排名的管理，提高居民信息获取的精准性。线上政务服务平台是居民办事的新渠道，受访者希望"拓宽推广渠道，争取做到'人尽皆知，民皆会用'"，"尤其是农村地区"的宣传力度，线上政务服务平台最终应以高效的线上服务满足居民需求，"就近办，网上办，一次办，消灭信息孤岛"，"以'一站式'服务解决好群众关心和反映的问题，回馈（反馈）及时"，"如果能真的足不出户，高效率解决问题，就很有帮助"。同时，线上办事的有效性也需得到保证，若线上办理手续后，"总是最后还要到现场再办"，既造成了政务服务资源的双重浪费，又增加了群众的办事难度，则与线上政务服务平台的建设初衷背道而驰。

线下政务服务也是居民关注的重点，希望"线上线下双管齐下，服务管理两者并重"。为弥补有限的人力资源，有居民建议"多招收志愿者"。政务服务人员的素质被多次提及，有居民指出"服务态度问题，很多政务服务人员态度不好"，"政府人员的素质与能力亟须提高"，希望"提高工作人员的服务态度和文化素养"，"服务态度好一点"，"加强工作人员礼仪建设，以更好的姿态迎接工作"，并"建立科学的监管体系和评价标准"，以规范化的标准和科学考评确保政府工作人员的服务态度和质量。线上线下全方位的政务服务平台扩大了政府与群众的联络渠道，若广撒网但不精耕细作，难免"多做多错"，有受访者表示，"相比其他省会城市，太原线下政务服务态度总是不尽如人意，网络政务服务也不够完善。最可气的是，经常线上线下口径不一致，还应加强专业人员融合服务意识的培训管理"。居民这些迫切的期待、有针对性的建议，对县级融媒体中心的建设具有重要的借鉴价值。

第六章 县级融媒体中心的人才队伍建设

人才队伍是建设县级融媒体中心的核心问题，也是困扰多数中西部地区县级融媒体中心的难题。2018年11月，中央全面深化改革委员会第五次会议审议通过了《关于加强县级融媒体中心建设的意见》，要求深化机构、人事、财政、薪酬等方面改革，调整优化媒体布局，推进融合发展，不断提高县级媒体传播力、引导力、影响力；为推动县级融媒体中心的纵深发展，2020年9月，中共中央办公厅、国务院办公厅印发了《关于加快推进媒体深度融合发展的意见》，强调"要大力培养全媒体人才，实行更加积极、开放、有效的人才引进政策，提高主流媒体人才吸引力和竞争力。要优化人才队伍结构，把更多熟悉新媒体的中青年优秀人才充实到关键岗位，充分释放人才活力"。然而，在县级融媒体中心人才队伍建设中，管理机制僵化导致新人进不来、老人出不去、人才留不住、才华用不多，而人员知识结构老化、专业技术人员匮乏等人才技能问题又制约着县级融媒体中心的建设实效。相比东部经济或媒体发达地区，或中央、省级媒体，中西部地区县级融媒体中心的人才队伍建设面临更大难题。为提高县级融媒体中心的人才队伍建设质量，确保人才引得进、用得好、留得住，本章将从人才队伍建设的难题根源和建设思路两方面来进行分析。

第一节 县级融媒体中心人才队伍建设的难题根源

在多数县级融媒体中心内部，部分人才队伍的观念、技能无法满足融媒体发展需求，而对县级融媒体中心之外高质量人才的吸引力、引进渠道又较为有限，多种因素制约着人才队伍的引进和可持续发展，总体来说，内外人才引进、管理的难题主要有以下原因：

第一，中西部各区县经济发展不均衡，多数县级融媒体中心所处地域经济发展水平较低，媒体发展水平也普遍较低，而高质量的新闻传播、技术人才的培养、发展多集中于东部高校或媒体、企事业单位，中西部县级融媒体中心对县域外人才的吸引力度有限。虽然中西部地区的经济发展加速赶超，产业转型升级步伐加快，但"出人才但留不住人才，遑论吸引外来人才"这一现象仍是困扰中西部地区发展的重要难题。一方面，由于经济发展水平较低，管理思想较为落后，城市基础设施和服务业发展水平较低，导致多数中西部地区内部并未形成发达的传媒市场，县级媒体的发展水平则更为滞后，新闻传媒机构多依靠财政支持维持日常运营，难以通过公关、广告、文化产业等渠道盈利并以此形成完善的盈利模式；另一方面，较低的经济发展水平也使得政府对新闻业投入有限，相应地，为新闻、技术人才所提供的职业待遇、生活配套设施条件水平也低于东部地区。虽然不同区县的收入水平不同，但整体而言，普通员工月收入为 3000~4000 元，尤其是编外工作人员，基本工资在 2000 元左右，而在省会城市，收入有望翻倍，若去东部经济发达地区，收入水平则更高。在明显的收入对比下，多数本省高层次人才在结束高等教育后宁可漂泊在异乡，也不愿回到家乡工作，部分本地人才因工作压力和高昂的房价，即使离开一线城市也多会选择省会城市或东部其他二三线城市，而非本地小县城，县级融媒体中心对高素质人才有限的吸引力制约了其理念和技术的更新水平，从而影响其建设质量。

第二，在具体的人才引进中，存在编制少、与高校等人才支持单位合作脱节等问题。县级融媒体中心作为县委直属的全额拨款事业单位，每年招聘员工的编制多低于 5 个，较少的编制岗位并不能满足近年来县级融媒体中心大刀阔斧的改革需求，新员工进入融媒体中心后被各类会议、培训、活动等常规报道任务缠身，缺乏充足的时间精力深挖当地信息或文化市场，也无法快速更新融媒体中心内部人员的知识结构、年龄结构。此外，多数县级融媒体中心并未开拓人才引进渠道，体制内外的人才招聘、实习生招聘多与高校（尤其是本地或本省高校）等人才支持单位缺乏联络，招聘时公布一则招聘启事了事，但在进高校宣讲、校园招聘等方面的探索极为有限，一定程度上降低了人才候选人的质量。同时，借人才招聘开展联络专家、获得专家支持的活动较少，也缺乏高端人才的挂职锻炼渠道，导致县级融媒体中心的建设方向、路径和员工入职培训、职后培训缺乏专家的指导，而人才外部支撑的力度又有限，尚未组建由省市融媒体产品研发者、高校学者、互联网公司技术人员等多方参与的稳定的专家团队，为各县级融媒体中心提供决策咨询的智力支持有限，对外合作脱节也不利于高素质专业化融媒体人才队伍的建设。

第三，人才管理机制相对僵化，创新激励机制缺乏。构成县级融媒体中心的广播电视、报社等县级媒体长期以来采取事业单位体制，基本上依靠财政补贴生存，这种固有的体制虽然为融媒体中心工作人员提供了较为稳定舒适的工作环境，但也成为限制融媒体中心创新发展的约束性因素。在此体制下，由于上级政府缺乏有力的政策支持，作为执行部门的县级融媒体中心既没有自主改革的权限和许可，自上而下也缺乏创新、改革的风气和魄力，"不敢改革、不会改革、不想改革"，导致体制机制改革的末端梗阻，管理机制、用人机制、分配机制、激励约束机制滞后，进入融媒体中心的正式员工干多干少一个样，缺乏融媒体改革、创新的动力。在市场化招聘人才方面，由于县级融媒体中心暂无市场化改革、提升自我造血功能的举措，同时缺乏造血的意识和能力，全靠财政输血、政府包办，因此多数县级融媒体中心资金匮乏，为满足日常工作需求，多在地方招聘合同工、临时工，这一群体不仅流动性大、稳定性低，而且主人翁意识、政治素养和专业化水平有限，敷衍了事的工作状态也增加了融媒体中心信息传播的不确定性。

第四，现有的职业环境不利于人才队伍的长远发展，这主要体现在县级融媒体中心较低的职业天花板和有限的培训活动两方面。新闻职业天花板是新闻人在职场中能达到的最高点，由于年轻的新闻人在新闻职业工作中具有易接受新技术、吃苦耐劳等优势，而职业经验丰富的老新闻人若未突破天花板、获得专业职称或行政职位的提升，则容易失去行业内的话语权，这种较低的新闻职业天花板已成为新闻行业的共有问题。相比中央、省级媒体，县级融媒体中心内部权力、人情关系交错，专业职称、行政职位的数量更加贫乏，人才队伍的发展空间更为有限，因此具有融媒体技能的高质量人才不愿意到基层媒体发展。培训活动方面，作为面向基层、贴近群众的舆论工作底盘，基层新闻琐碎、繁杂，还需兼顾宣传等日常工作，在新技术层出不穷的数字媒体时代，发现新闻、写好新闻等传统采写技能及全媒体传播的新技能对基层工作人员提出了较大的考验，"本领恐慌"是困扰人才队伍职业工作的常见问题，而县级融媒体中心内部组织的入职、职后培训活动又极为有限，加上繁重的工作、艰苦的采访、有限的回报，一线工作人员没有充足的时间、精力、动力和机会提升职业技能，因此也无法从人力资源方面为县级融媒体中心的建设提供保障。

第二节　县级融媒体中心人才队伍建设的思路

人才队伍是县级融媒体中心的第一资源，为培养一支精干、高效、优质的融媒体人才队伍，针对以上困扰县级融媒体中心人才队伍建设的难题和根源，可从人才观念、人才引进、人才管理、人才培养四方面展开人才队伍建设，形成自内而外重视人才、自始至终关怀人才、自上而下促进人才成长的有利环境。如图 6-1 所示。

第一，人才观念方面，需树立融合、跨界、凸显专业化的人才观念。中西部各县级融媒体中心基本开始树立融合的思维，部分融媒体中心开始凸显"互联网思维"，即用互联网的传播特征来思考媒介人才流通和共享机制，以求建立一体化的组织结构和传播体系，但单纯依靠融媒体中心各组成部分的观念创新无法真正实现人才的共享、流通、融合，需将此融合观念贯通至融媒体中心纵向管理部门中，打通各媒体的行政划分，建立统一的人才管理和流通机制，这是人才观念融合的前提；针对媒介融合中新媒体技术能力不足、从业人员专业水平低等瓶

图 6-1　县级融媒体中心人才队伍建设的四个思路

颈，融媒体中心在人才标准方面偏向引进融媒体、信息化或其他跨学科的人才，但有的融媒体中心将跨学科的边界扩大到所有理工科、哲学社会科学，而忽视了新闻学、传播学、信息科学等核心学科，这一思路进一步降低了信息产品生产的专业化边界，存在矫枉过正的趋势。鉴于多数县级融媒体中心尚未在政务服务平台方面取得实际进展，现阶段仍停留在媒体层面的融合改革阶段，因此，在人才观念的融合中仍需凸显传统的新闻传播和计算机科学两大专业领域，尤其需扩大大数据、人工智能方面的人才在融媒体中心的比例；在融合人才的评价中，为满足一次投入、多次产出、多渠道发布的需求，节约人力资源，各县级融媒体中心应将"一专多能"作为优秀融媒体人才的基本要求，如记者去街道采访活动时，要求记者用文字、图片、视频实现全媒体的传播，这是融媒体人才必备的技能，也是高校教育努力实现的目标，但在具体操作中也需强调"一专多能"，警惕采编人员技能过泛、优势专业性技能缺失的问题，不能在追求人才的多技能时降低对专业技能特长的要求。

第二，人才引进机制方面，需进行深度探索。人才引进机制是县级融媒体中心改革的核心，但不同于大刀阔斧的机构整合改革，在现阶段，要求各县级融媒体中心打破参公事业编制，完全采取市场化人才引进模式是不现实的。人才体制的改革需小步、稳妥地开展探索，可参考高校取消事业编制的改革流程，逐步取消事业编制，但保留事业单位的性质，实行合同聘用制，既解决了融媒体中心性质定位的问题，又兼顾了各方面利益，逐步减小编外人员与编内人员的待遇差别，提高工作人员的积极性。在融媒体中心体制改革的支撑下，可根据事业发展和实际工作需要，创新引进人才机制，稳步开展多样化人才的引进：对内容生产、数据分析、平台建设等领域的紧缺人才，出台更加积极、开放、有效的人才引进政策，千方百计引进优秀紧缺人才，针对一些特殊岗位，制定特殊人才引进的相关政策，甚至一事一议、一人一策，为引进特殊人才、高端人才、领军人才大开方便之门，招聘一批真正热爱新闻事业、政务服务事业，政治素养和专业素养过硬的创新人才。在引进高层次一线工作人员的基础上，还需探索高层次智库支持团队的建设，柔性引进当前急需的专家人才，并组建由省市融媒体产品研发者、高校学者、互联网公司技术人员等多方参与的专家团队，建立稳定的高层次人才合作机制，定期对县级融媒体中心的顶层设计、传播效果、产品改革、人才培养提供智力支持。考虑到中西部县域地区工资待遇、工作软硬件环境等因素，短期内通过大面积引进优秀人才来整体提升县级融媒体中心建设质量面临较高的难度和不确定性，县级融媒体中心人才引进还应以就地选才为主：首先，在本地挖掘擅长信息生产、传播和运营的人才，尤其是当地具有一定粉丝量的自媒体人，为其提供系统、全面的技能培训和思想政治培训，吸引扎根本土、经验丰富的现有人才加入县级融媒体中心；其次，县级融媒体中心可与当地中学建立合作关系，鼓励当地优秀高中毕业生填报与县级融媒体中心建设相关的新闻传播、计算机等高校专业，定向输送至本县融媒体中心，为心系家乡、专业突出的人才顺畅入职县级融媒体中心提供保障；最后，中西部县级融媒体中心还需把握好当前疫情影响下国外人才、一线城市人才的回流趋势，号召、鼓励优秀人才回归家乡、报效家乡，切实解决回乡优秀人才的薪酬待遇、住房、子女入学、职称晋升等问题，使之成为振兴县级融媒体中心、提升县域媒体和政务服务水平的生力军。

图 6-2　县级融媒体中心人才引进的主要对象

第三，人力队伍的管理方面，要提高人才配置效率，完善人才队伍的考核评价机制和相应配套服务，真正做到人尽其才、才尽其用、用当其时，激活基层舆论队伍的工作积极性。人才的引进是人才队伍建设的起点，如何完善人力资源的配置，支撑人才队伍的长远发展仍需各融媒体中心大力探索。依靠体制、待遇等措施短期内可以吸引人才，但如果县级融媒体中心无法管理好人才队伍，统筹、合理安排人才，并为其提供公平、可持续的人才发展环境，不仅无法发挥人才对融媒体中心的建设作用，还将产生人才流失、影响后续招聘等后果。因此，人才队伍的管理机制尤其需要精心改革。具体而言，人力资源配置方面，要将工作人员的具体才能与实际工作需求精准对接，将技术、才华与岗位的精准匹配作为人力资源配置的主要标准，为专业人才提供发挥其才华的广阔空间，真正做到人尽其才，实现人力资源的最优化配置，而非将工作人员的人脉关系、工作难易等因素作为主要考量标准；人才考核评价方面，应建立健全科学、公平的考核评价机制，将政治素养、业务水平、创新能力、职业道德等内容纳入工作人员的考评机制内，调动其工作的积极性、创造性，激励其生产出更多高质量的融媒体信息产品，同时对考评结果施行相对应的奖惩机制，动态淘汰专业技能不精、职业素养欠缺的一线工作人员，并采用物质、精神、职称激励的方式表彰先进工作典型，以奖励、表彰来畅通青年人才成长渠道，通过培养政治和业务过硬、作风良好的业务带头人来带动人才成长节奏，让想干事、能干事的人才干成事；在人才发展的配套服务方面，县级融媒体中心需努力营造拴心留人的环境，在政策支持、资源配套、生活服务等方面全方位支持高层次人才发展，尤其关注其社会保障、子女教育、智力成果转化等方面的需求，全面改善扎根基层、扎根人民群众之中的基层舆论工作人才的发展环境。

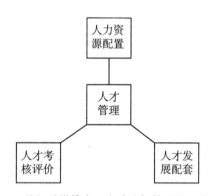

图 6-3　县级融媒体中心人才队伍管理的三个要点

　　第四，人才队伍的发展方面，县级融媒体中心要从人才培训、内部学习两方面大力做好人才队伍培养工作。由于基层信息、政务、服务的需求繁杂、多变，而各类新媒体技术、新闻事件、受众需求和媒介偏好又处于动态变化中，在此环境下，多数基层一线工作人员面临本领恐慌的问题。为了提高人才队伍发展的持续性，增强其专业技能和创新能力，县级融媒体中心需从人才培训、内部学习两方面做好人才队伍的培养工作。

　　人才培训方面，一是需积极组织融媒体中心负责人参加中宣部、省委宣传部组织的县级融媒体中心建设培训班，组织负责人和工作带头人赴县级融媒体中心建设卓有成效的地区调研访问，深入学习其媒体改革发展、县级融媒体中心建设、采编发流程再造、人才培养等方面的发展模式和经验做法，并将学习调研所得应用于本地县级融媒体中心的建设实践中；二是定期邀请知名高校专家、传媒机构负责人、具有显著成就的一线工作人员来本单位开展政治素养、专业技能、机构发展等方面的系列培训活动，建设学习型县级融媒体中心；三是在用户生成内容（UGC）为主的互联网环境中，为扩大信息来源、扩充人才队伍规模，县级融媒体中心还需开放内容生产平台和团队，在当地遴选一批具有一定文字功底，热爱新闻报道和政务服务的干部职工、群众加入其中，组建起新闻通讯员队伍，考虑到通讯员队伍信息生产技能不一，可通过集体培训、跟班学习、实践实训、团队建设等方式，提升其专业能力、政治素养和协作能力，借助广大群众的主动性和聪明才智，形成群众自发生产、宣传干部审核与融媒体中心内部生产的双轨机制，依据点击率和影响力来奖励用户生产，并以此来促进融媒体中心内容对当地群众的针对性、扩大信息产品的覆盖面，将此建设成为群众讨论的公共空间。开放的信息生产平台、团队既能减轻正式员工的工作压力，又能吸引热心群众加入主流舆论的生产和引导中，可进一步守好、扩大主流舆论阵地。

在融媒体中心内部，需形成内部学习机制和传帮带人才培养机制，以内部学习提升一线工作人员的知识技能。具体而言，组织内部可根据实际需要设立覆盖理论、实践，可量化的学习计划，由中心负责人带头推动，形成崇尚学习、互助交流的组织风气，并对学习计划的开展、效果进行考评，以考评机制确保内部学习产生实际效用；融媒体中心还需重视对新入职工作人员和实习生的培养，通过以老带新等模式提高其业务素养、工作能力和基层服务水平，并在传帮带过程中总结自身实践经验、发现不足、获取新知识，从而以经验的传承革新促进县级融媒体中心内部形成和谐、互助的工作氛围。县级融媒体中心人才培养的内外路径如图6-4所示。

习近平总书记指出，"媒体竞争关键是人才竞争，媒体优势核心是人才优势"，要求新闻舆论工作者"努力成为全媒型、专家型人才"。

图 6-4 县级融媒体中心人才培养的内外路径

对中西部县级融媒体中心而言，需正视其因经济、媒体发展水平滞后对高质量融媒体人才的吸引力度有限，人才编制少、与高校等人才支持单位合作脱节，人才管理机制相对僵化，创新激励机制缺乏，面临较低的职业天花板和有限的培训活动等问题。为进一步做好人才队伍建设工作，需树立融合、跨界、凸显专业化的人才观念，深度探索人才引进机制，千方百计引进优秀紧缺人才，探索高层次智库支持团队的建设，人力队伍的管理方面则要提高人才配置效率，完善人才队伍的考核评价机制和相应配套服务，并从人才培训、内部学习两方面大力做好人才队伍培养工作。只有从理念到行动创新探索人才队伍的建设，从引进、管理到发展全方面促进人才队伍的发展，才能真正做到引进所需人才、人尽其才、才尽其用、拴心留人，激活基层舆论队伍的工作积极性，提高其工作技能，以人才队伍的有效建设推动县级融媒体中心的纵深发展。

第七章　县级融媒体中心的未来发展：
下一步如何向纵深拓展、
向基层延伸?

在明确了中西部县级融媒体中心的顶层设计、建设现状、发展模式、受众需求和人才队伍建设的前提下，如何推动县级融媒体中心建设向纵深发展，向基层延伸，做大做强主流舆论，仍是各一线工作人员最关注的问题。笔者认为，县级融媒体中心优化与上级政府和媒体的联结、与群众的联通、实现与市场的接轨、完善内容与服务的供应，是推动融媒体中心纵深发展的主要路径。

第一，优化融媒体中心与相关政府部门、群众自治组织，与上级、平级媒体及社交媒体的联结。

县级融媒体中心作为党和政府现代化传播体系和新时代治国理政新平台的重要构成，无论是与当地区、县委宣传部的直属关系，还是宣传主流声音、做好基层舆论工作、建设政务服务平台的任务目标，都与相关政府部门关联紧密。与上级政府互联互通，与县委县政府工作同频共振、同向发力，为政府各部门的工作搭建宣传推进平台，联络各群众自治组织，弘扬主旋律，确保及时、权威、贴切地传播、解读党和政府的声音，并及时向上反馈基层舆论动态，切实发挥传统的"耳目喉舌"宣传功能，这是县级融媒体中心的核心工作。为做好媒体与政府的联络宣传工作，提高县级融媒体中心的建设质量，在建立完善对上沟通机制的前提下，上级政府尤其是宣传主管部门应在确保政治正确的基础上适当放松管制，创新监管机制，为融媒体中心提供充足的创新空间。具体而言，一是给县级融媒体中心"减负"，适度减少县级融媒体中心对政

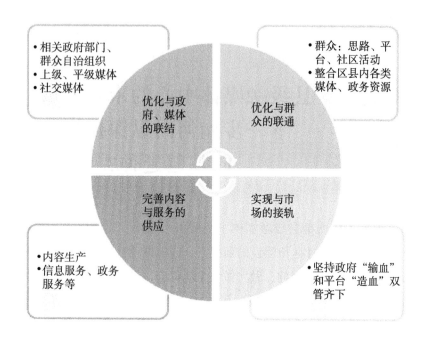

图 7-1　推动中西部县级融媒体中心纵深发展的四个思路

府日常工作的报道宣传任务，放松对其具体业务、管理细节的管制，对于那些可以放松甚至完全解除的约束和限制，要勇于改革或放松，为融媒体中心创新内部管理、提高新闻传播力、优化舆论环境提供宽松的环境，从而让融媒体中心从转发、重复传播中央省市精神和活动中解脱出来，从宏大叙事中脱离出来，从报道与群众关联有限的众多政府日常工作中解放出来，真正做好政府的、基层的、群众的舆论宣传工作，真正践行"服务好民众就是最大的政治"。二是需扩大县级融媒体中心与居民委员会或者村民委员会等群众自治组织的联络，这些群众自治组织是当前我国社会中最基层、与群众联系最紧密的组织。一方面，直接联系群众，具有精准、覆盖全体群众的传播方式和联络渠道，可以最大限度地打通信息传播的最后一百米；另一方面，群众自治组织能第一时间掌握群众丰富多彩的活动、多元的基层舆情及群众对政府的意见建议，不仅可以为县级融媒体中心提供充足、切合群众实际和兴趣的信息素材或产品，而且有助于主流舆论阵地更有效地掌握舆情、引导舆论，第一时间向政府反映民情民意。然而，因种种因素限制，群众自治组织尚未成为县级融媒体中心的主要素材来源和传播渠道，密切二者联系，有极大的探索实践空间。三是在确保政治正确、口径一致的前提下，逐步将发布审批机制转变为事后追责，为基层宣传人员创造开放、宽松的内容生产环境，并减少信息产品的生产流程，提高新闻传播的时效性；将宣传内容的质量、社会影响力引入宣传干部的考核评价体系中，从政策层面鼓励、引导、要求县级融媒体中心积极作为，生产具有广泛社会影响力的内容，提高融媒体中心对于群众的吸引力；还需转变动辄删稿、删帖、关闭信息交流渠道的行为，逐步引导融媒体中心建设成为信息交流、官民沟通、群众讨论的公共平台，并以基层媒体的创新实践作为素材，扩大这一实践在国际传播中的影响力，破解西方对我国言论自由的污蔑。

县级融媒体中心作为基层媒体，也需优化与上级、平级媒体组织和社交媒体的联结，形成技术平台、工作机制、业务交流学习的全面联结。如可借助人民网、新华网、光明网等中央媒体，省属媒体及各地级市媒体的信息平台和资源，分批选派本地记者进入上级媒体尤其是省市媒体组织接受驻站培训，参加其选题策划会，了解上级媒体的宣传重点，有针对性地为其提供新闻素材和新闻报道，提高本地新闻的曝光量和传播覆盖面，并在驻站培训中积极学习上级媒体对本地融媒体中心建设有借鉴价值的业务经验。同时，各县级融媒体中心需与其他平级融媒体中心保持密切联系，同类县级融媒体中心具有类似的建设现状、难题，也有推广性强的经验，密切其联系可形成互助合作的融媒体区域联盟，既能分享信息素材、采编资源、传播渠道、建设模式和经验，又可共同探讨难题，合力解决区域内融媒体中心共同面临的问题，从而群策群力，建设高质量的融媒体中心和区域联盟，提升本区域在信息市场中的影响力和竞争力。此外，县级融媒体中心还需进一步优化与社交媒体的联结。虽然多数中西部县级融媒体中心已在微博、微信、抖音等社交媒体平台开通账号，以社交媒体为主要平台布局其新媒体传播矩阵，但较多融媒体中心将开通社交媒体账号作为硬任务，或开通后放任不管，或复制官网信息、政府文件，或媒体形式单一，未采用多媒体形式传播，或缺少传受互动，对网友留言不闻不问，或发布与县级融媒体中心无关的私人信息或商业信息，在完成硬性融媒体建设任务的同时反而背离初衷，既未在社交媒体中出圈，生产出全网欢迎的爆款产品，还降低了官方媒体及政府在群众中的良好评价，疏远了政府与群众的关系。如何进一步优化县级融媒体中心与社交媒体平台的联结，值得深入思考和探索。

第二，优化县级融媒体中心与群众的联通。除了优化与相关政府部门、媒体的联结，县级融媒体中心还需着力满足群众需求，通过基层政府机构、群众自治组织等渠道优化与群众的联通。县级融媒体是距离群众最近的官方媒体，更容易洞察当地群众的信息、服务需求，从而因地制宜地制定出相应策略，更好地满足群众需求。

媒体融合关键是融合供需、融合民心，县级融媒体中心应致力于打通为民服务的最后一公里、最后一百米，在优化与群众的联通方面大力探索。首先，县级融媒体中心在发挥新闻媒体属性和政务服务属性时，需树立"区县融媒体中心更多是一种服务基层治理的手段，而不是单纯的宣传平台"的观念，摆正服务和引导的关系，加强服务意识，服务在先，引导在后。现在一些县级融媒体中心在思想上还存在一定的误区，片面认为宣传引导、服务政府是大事，服务百姓生活是小事。政策宣传、舆论引导固然是县级融媒体中心的重要任务，但不能顾此失彼，要将党的路线方针政策和本土资源结合打通，在服务群众的基础上加强舆论引导，这样才能更好地强化主流舆论阵地。县级融媒体中心要明确自己的定位和工作方向，站在解决民众实际问题的角度考虑问题，直面本地民众疾苦、需求和意见，真正成为反映老百姓酸甜苦辣的窗口，成为区县政府巩固和壮大主流思想的舆论根据地。同时，县级融媒体中心还可以探索社区服务，通过平安志愿服务、"感动人物"评选等系列活动，既挖掘当地故事，展现当地群众生活现状，又可以通过社区服务扩大融媒体中心影响力，借助社区服务真正出现在群众身边，走向群众心中。此外，还需与社交媒体保持畅通的连接，在"学习强国"学习平台及今日头条、微信、微博、抖音、快手等社交媒体上开通本区县频道，大力开展各社交媒体内容建设及群众互动，依据群众的媒体使用偏好更新社交媒体传播矩阵，未来几年积极探索激活政务服务平台的思路，利用融媒体平台有效解决或答复群众需求，使县级融媒体平台成为群众有困难、有问题、有诉求时的第一选择。

在现阶段，多数县级融媒体中心本质还是媒体平台，若以媒体实现服务群众、联络群众的目的，还需打通、融合区县内媒体和政务资源。区县政府之下还有政府各派出机构、群众自治组织，这些组织机构是直接面向群众提供公共服务与产品的部门，内部也设有自身的信息宣传部门，这些组织机构不仅掌握着最新、最真实的政策施行效果，企业困难、群众诉求与反馈等情况，而且是政府与民众沟通的最前线，但此类资源较为分散，影响力有限，因此，县级融媒体中心需打通、融合本地内部的这些媒体和政务资源，打造区县内媒体和政务资源联盟，形成1+X+Y+Z的新兴媒体传播矩阵，具体如图7-2所示。

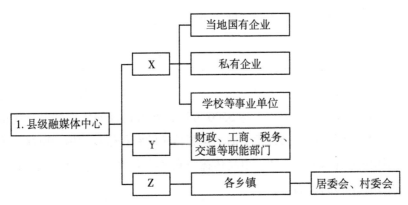

图7-2　县级融媒体中心1+X+Y+Z的新兴媒体传播矩阵

第三，完善内容与服务的供应，县级融媒体中心应提供接地气、形式丰富、渠道畅通、满足群众需要的内容和服务，实现"信息传播"与"公共服务"的"双融合"，将融媒体中心与线上政务服务中心合二为一，才能真正走到群众身边，走向群众心中。

内容和服务是县级融媒体中心最核心的资源，也是推进其纵深建设的基本抓手，县级融媒体中心需在做好内容和服务的前提下探索市场化运营，否则就是本末倒置、空心发展。在内容生产方面，县级融媒体中心要转变传统宣传模式的路径依赖，积极创新内容生产方式。作为我国基层治理的重要渠道，县级融媒体中心以信息和服务联结党群，同时一手连接城市，一手紧贴农村，是联结城乡、工农的重要纽带，因此，其内容既要承接上级政治理念，又要抵达百姓与民众的日常生活，但传统宣传模式所依赖的政治话语与百姓的日常生活话语之间存在较大的差异，融媒体中心面临的重要命题在于如何将政治理念、政策内容与百姓日常生活相关联，并以百姓喜闻乐见的方式表达出来，从而更好地引发共鸣。具体而言，融媒体中心应当发挥其本身具有的贴近基层、贴近群众的优势，下决心改变传统相对单一、枯燥的说教范式，摆脱以往的"等靠要""抄一抄""转一转"模式，在做好政治信息传播者的前提下，积极走进百姓的日常生活中，关心百姓的衣食冷暖，反映他们的喜怒哀乐，和他们同呼吸共命运。在具体实践中，须深耕本土新闻，发现本土化、个性化的新闻素材，创作出为本地群众乃至更广阔的全国群众所喜闻乐见的内容产品。如北京丰台区建立的新闻发声人制度，在全区选拔近 300 名基层群众，让受众从被动接受转变为主动发声，发掘群众身边的典型事件和典型人物，持续推出 20 多部以发声人为新闻主角的百姓短视频，全网总浏览量达 3500 万次，获得良好的传播效果。这也说明，只有深入群众的日常生活，摆脱传统的路径依赖和理念束缚，才能创作出更具本地乡土味、更具传播力和影响力的内容，更好地提升县级融媒体中心的影响力。

提供群众所需的服务是未来县级融媒体中心纵深发展的主要突破口，这种服务既包括信息服务，又包括政务服务。前者信息服务不仅指贴近当地群众信息需求的内容呈现，还可整合当地信息资源，为群众、企事业单位、政府决策提供有针对性的技术咨询、信息咨询、个性化数据等信息服务，做好政府的舆情监测机构和媒体智库，成为企事业单位及群众个人的信息服务供应商，为其行为决策提供辅助信息。政务服务方面，县级融媒体中心可成为电子政务的服务前端，整合公安局、教育局、民政局、交通局等与群众办事直接相关的政府部门平台，为群众提供电子化政务服务，并提供相应的行政审批咨询、公共服务、在线互动等服务，借助这些公共服务功能，可以提高县域群众对县级融媒体中心的关注度与使用黏性，使人们主动协同参与到现代化社会治理中来，切实推进融媒体中心纵深建设，真正让群众用起来、离不开。

第四，在确保社会公益属性的前提下进行市场化改革，实现县级融媒体中心与市场的接轨。县级融媒体中心是具有社会公益性质的政府信息服务平台，政治属性、社会属性、媒体属性高于其市场属性，但完全依靠财政拨款这一外部输血渠道不仅增加了当地财政的压力，而且在现有体制机制下以小修小补的方式改革，不仅不利于提升工作人员的工作积极性，而且无法确保政治传播、新闻资讯、社会服务的质量。因此，在县级政府加大对媒体融合支持力度的同时，县级融媒体中心宜进行市场化改革，实现媒体与市场的接轨，改革创新管理机制，激活人才资源，盘活现有的传播和服务资源。

县级融媒体中心与市场接轨并非将其发展为商业媒体，其定位仍是引导群众、服务群众的政府直属社会公益性事业单位。在此前提下，要实现县级融媒体中心的纵深建设和可持续发展，还须坚持政府"输血"和平台"造血"双管齐下，在坚持采编经营分离的基础上，增强融媒体中心自身的"造血"功能，使融媒体中心通过市场化运营实现价值变现。具体而言，需打破融媒体中心对政府财政投入的完全依赖，只有打破这个"金饭碗"，融媒体中心才能真正走入市场，提高对营销、广告、人才、服务及群众反馈的重视，才能真正提供有市场竞争力、能吸引群众的内容和服务，从而提升其影响力，走上持续发展的良性循环。

事实上，县级融媒体中心虽然体量小、用户少，但找准市场定位和发展方式，仍可实现盈利。如浙江长兴传媒集团从制度上不断深化广告经营平台和格局的改革，总资产达9亿元，连续几年营收超过2亿元，其中专题片制作创收达到400万元，媒体+汽车、家装、房产等会展创收将近 800 万元，媒体+少儿产业创收近 200 万元，① 成为县级融媒体中心可借鉴的市场化案例；江西分宜县融媒体中心也积极开办大型庆典、晚会、展览及专业活动，2018 年实现经营收入 1200 万元，而广播、电视、报纸等传统媒体的广告收入仅占总收入的约 1/6，融媒体中心党支部被中共中央授予"全国先进基层党组织"荣誉称号；项城县级融媒体中心也通过对政务发布渠道、便民服务窗口、户外宣传点等资源的融合，在 2018 年年底创收达到 3200 万元。这些社会效益和经济效益实现双赢的案例，既可以为中西部县级融媒体中心实现与市场接轨提振信心，又可为其兼顾社会、经济效益，实现深入改革提供可借鉴的思路。

综上而言，为推动县级融媒体中心向纵深拓展、向基层延伸，可从以下四个方向着重开展工作：一是优化融媒体中心与相关政府部门、群众自治组织，与上级、平级媒体及社交媒体的联结，建设新时代治国理政新平台和现代化传播体系；二是优化县级融媒体中心与群众的联通，摆正服务和引导的关系，打通、融合区县内媒体和政务资源；三是完善内容与服务的供应，县级融媒体中心应提供接地气、形式丰富、渠道畅通、满足群众需要的内容和服务，实现"信息传播"与"公共服务"的"双融合"；四是在确保社会公益属性的前提下进行市场化改革，实现县级融媒体中心与市场的接轨。

---

① 王晓伟. 跨界共生：长兴传媒集团的使命与担当 [J]. 传媒，2019（23）：21-25.

第八章 融媒体助力当地发展：以县级融媒体中心建设为契机的中西部信息科技、文化崛起之路

　　长期以来，党和国家高度重视科技、文化发展，在党的二十大报告中，"科技"被提及 44 次，"文化"被提及 58 次。科技是第一生产力，文化是中华民族赖以生存的根基，对中西部地区而言，二者不仅是文明发展的积淀和结晶，更是未来经济社会发展的重要抓手。

　　中西部地区作为中华文明和文化的发源地，具有悠久的历史和丰富的特色文化，黄土高原文化圈、伊斯兰文化圈、北方草原文化圈、西域文化圈、藏文化圈、巴蜀文化圈、滇黔文化圈等宏观划分的文化圈下又有各具特色的文化分支。在转型发展、脱贫攻坚、政府治理能力现代化等新时代中国特色社会主义建设实践中，中西部也诞生了众多典型的地域文化、奋斗故事和精品服务，这些鲜明的时代特色文化成为中华民族乃至人类历史发展进程中的瑰宝。然而，中西部地区的传统文化或有待深入挖掘，或有待创新传播途径、提升传播效果；新时代文化则缺乏进一步总结提炼、传播推广，在全面发挥其作用上仍有提升空间；此外，中西部地区对传统文化、新时代文化的产品开发、文化服务供给较为不足，优质文化产品和服务在全国、全球的影响力也较为有限，对于文化强省、高质量转型发展助力不足。

　　科技方面，信息技术为中西部发展提供了科技革命和产业变革的历史机遇，多家高精尖制造企业聚集陕西，贵州大数据发展交出靓丽答卷，河南成为中西部地区"双创"高地，武汉、长沙、合肥跻身全国硬科技前十等成果昭示着中西部以信息科技为契机实现跨越式发展的可

行性，展现出科技带动当地发展的硬实力。多数地区抓住信息革命机遇，与互联网、大数据、云平台、人工智能等领域的龙头企业建立合作，大幅度提高了当地经济发展水平，并以信息革命带动当地基础设施建设和新产业形态发展，助力当地经济社会的高质量发展，也有部分地区或未认识到信息技术的重要性，或缺乏参与信息科技产业发展的机遇和资源，在科技发展一日千里的洪流中踯躅不前，有错失崛起发展的风险。

县级融媒体中心不仅是基层媒体数字化转型、建立现代化治理体系的必然选择，作为与文化、信息技术紧密相关的社会公益单位，县级融媒体中心也是中西部地区赶超发展的最佳突破口，可以推动当地信息技术发展和产业变革，同时优化文化产品和服务的供给和文化产业的开发，实现中西部基层文化设施、产品和服务的布局优化和资源共享，推动文化强省的建设。在加强全媒体传播体系建设，塑造主流舆论新格局的基础上，以媒体融合发展实现中西部信息科技、文化崛起，真正助力当地发展，是县级融媒体中心提升自身影响力、承担社会责任感的可行思路。

第一节　信息技术发展的新契机

信息技术是以电子计算机和现代通讯为主要手段实现信息的获取、加工、传播和利用等功能的所有技术的总和，既包括信息设备和功能等硬件技术，也包括实现信息功能的知识、方法、技能等软件技术。依据不同的功能层次，信息技术体系也可分为基础层次的材料、能源技术，支撑层次的机械、电子、生物技术，主体层次的传感、通讯、计算机技术和可供应用的各类自动化、智能化设备和软件。范围广泛的信息技术不仅是前沿科学的代表和信息革命的核心，而且也与经济紧密相关，成为一国、一地现代化和经济发展水平的重要标志。

由于思维、经济、人才、基础设施等因素的制约，相比于东部地区，中西部地区的信息技术发展水平整体较为落后，但近年来，较多中西部地区积极抓住信息革命的历史机遇，将信息技术作为转型发展、高质量发展的重要方向，在信息化立法、惠民、与工业化融合、信息产业发展方面的探索卓有成效，中西部信息化发展也驶入快车道。如贵州抓住信息产业变革机遇，建立中国首个国家级大数据综合试验区，开展"宽带贵州"行动计划、云计算平台建设、产业数据开发应用、农业技术创新与市场信息中心等信息建设，软件和信息技术服务业收入累计达到2000亿元，电子信息制造业产值累计达到4000亿元，"云上贵州"在全球具有影响力；省围绕光机电、半导体、光伏、计算机、应用电子等重点方向，山西电子信息制造业2021年规模以上企业已实现营业收入1543亿元，重点产品销售收入达到30%以上，信息制造产业增长迅速。

信息制造业和服务产业对中西部地区经济社会发展的带动作用显著，但不可忽视的是，这些新兴业态产业集中于中西部省会城市、基础设施较好的地级市或省政府认定的省级高新技术产业园区，对多数经济社会发展滞后的县域、农村地区转型发展的推动力度有限。这与城乡科技文化建设水平差异有关，基层政府对科技发展较低的认识水平、不完善的科技文化体制、配置失衡的科教资源和较低的科技发展服务水平影响着此类地区发展信息产业的水平，这些制约因素的改善非一朝一夕可实现。而县级融媒体中心的建设需采纳、依赖各类先进的信息技术，在带动当地信息发展方面具有明显优势。

在现阶段，多数县级融媒体中心着力于新时代信息传播中心、全媒体传播体系的建设，未来还将在政务服务平台、舆情监测系统等方向着重发力，在建设中不仅涉及影像、广播、采编系统、广告、有线及无线传播等传统媒介技术，也包含5G、大数据、云计算、物联网、区块链、虚拟现实、人工智能等信息技术革命成果。县级融媒体中心在建设初期可依靠购买、引进信息媒介技术快速实现媒体转型和融合发展，提升当地信息化建设水平；在建设基本成型后，县级融媒体中心可从以下几个方面带动当地信息技术产业发展：

第一，县级融媒体中心可通过信息枢纽、信息综合服务平台建设，服务当地经济建设。即便市场调查、大数据分析等技术已成为当前常见的信息获取和分析手段，但多数中西部县域地区仍缺乏及时有效、针对性强的市场信息，人际传播、群体传播仍是人们获取所需信息的重要渠道。对农村地区或媒介素养较低的特定人群而言，在庞杂、娱乐化的网络信息海洋中及时获取自身所需的信息和服务更是难上加难。海量信息也意味着有效信息缺失，而信息把关、优质信息提供恰是县级融媒体中心的优势。县级融媒体中心一方面可全面筛选、呈现、权威发布与本地相关的各类信息，为当地群众提供具有重要性、针对性、接近性的信息服务；另一方面，也可采用大数据分析、问卷调查、留言互动等方式主动搜集、分析当地群众的信息需求，实时进行舆情监测，深度挖掘本地数据和信息需求，提升资源整合有效程度，为当地发展提供信息资源支撑，辅助相关主体做出正确决策。此外，县级融媒体中心还可通过信息服务平台为当地企事业单位提供信息咨询、定制或传播服务，在服务当地经济建设的同时提升自身经济实力。

第二，县级融媒体中心还可通过自身建设推动高新信息技术在当地的发展。一方面，县级融媒体中心的建设需要硬件系统、办公设备、直播设备的更新和媒体信息空间的改造，也需要 5G、大数据、云平台、人工智能等先进技术的支撑，这些技术设备的采购、维护和应用可以提高当地相关信息技术基础设施建设水平和工作人员对信息技术的认知和应用水平，间接推动信息技术在当地的发展。另一方面，县级融媒体中心可通过自身信息服务提升当地信息技术发展水平。当前互联网、物联网、大数据、云计算、人工智能等信息技术与中西部地区实体经济的融合程度有限，县级融媒体中心可与当地企事业单位、基层治理组织建立技术合作协议，在信息云平台、智慧党建、农产品电商、村级信息服务、企业系统建设、当地教育系统电子化、社区系统建设等方面提供信息服务，推动中西部地区全面的信息化改革。这些举措不仅可以激活中西部内部信息科技市场，获取可观的市场化信息服务盈利，还可以以信息化改革提高社会管理、企业运营效率，同时也可以做好信息技术的普及工作，为县域经济的转型发展提供有力的思想氛围、技术支持和发展动力，并汇聚成中西部赶超发展的基层力量。

信息技术为中西部地区发展提供了新机遇，县级融媒体中心因与信息技术的密切关系也成为中西部经济社会发展的契机。通过信息枢纽、信息综合服务平台建设服务当地经济发展，以媒介技术更新、高新信息技术服务助力当地信息产业发展，不仅是县级融媒体中心融入当地经济发展、完成"输血"到"造血"、提升自身影响力的可行举措，也是当地转型发展、提升信息化水平的重要契机，县级融媒体中心必然与当地社会实现共赢发展。

第二节　建设文化强省的新渠道

文化产业是中西部高质量发展的重要推动力量，而县级融媒体中心的建设可为文化强省提供强有力的本地群众基础、县外潜在消费者，推进当地文化的创造性转化和创新性发展，带动文化产业的发展壮大，成为文化强省不可忽视的新渠道。

中西部地区是中华文化的起源地，具有悠久的文化历史和丰富的文化资源，形成了以黄河流域为中心的黄土高原文化圈、西北地区的伊斯兰文化圈、北方草原文化圈、天山南北为核心的西域文化圈、青藏高原为主体的藏文化圈、长江三峡流域和四川盆地连为一体的巴蜀文化圈、云贵高原及向东延伸的滇黔文化圈等，每一文化圈下又有多姿多彩的文化形态。以山西为例，山西文化包括旧石器文化、春秋战国的纵横家思想、佛教文化、晋商文化、抗战文化及众多非物质文化，具有悠久的历史和深厚的人文底蕴，是中华文明的起源，其完整性、先进性和艺术性对中华文明产生了深远的影响。

软实力是文化和意识形态吸引力体现出来的力量，中西部具有强大的文化根基，多数省份可称为文化大省，但尚未建成文化强省，原因之一在于文化资源的开发、传播和转化力度有限。中西部文化的保护和传承需要与时俱进，根据时代需要、媒介变化和受众需求进行文化的再挖掘和新媒体传播，但是不可忽视的现实是，体量庞大、内容丰富的中西部文化内容中，有的因抽象晦涩而远离现代人的生活，有的因传承人和适用范围有限而逐步消逝，有的因过度开发而岌岌可危，有的因现代媒介技术和全球化对消费市场的竞争而日益蒙尘，即便是影响力较大、开发水平较高的地域特色文化，其历史渊源、时代内涵、典型特征在当地也多停留在口号层面，缺乏深入挖掘和有效传播，遑论在省外、国外的影响力。而中西部地区在西部开发、中部崛起、脱贫攻坚、生态建设、转型发展、政府治理能力现代化等新时代中国特色社会主义建设实践中形成的新时代文化、奋斗精神或精品服务，在促进当地经济发展的同时，也丰富完善了当地精神文化，成为中华民族乃至人类历史发展进程中的瑰宝，但这些时代文化的挖掘、研究、传播力度也极为有限。

整体而言，在当前移动互联网时代，中西部传统文化和新时代文化的深度开发、对外传播、产业发展并未取得突破性进展。新媒体传播注重数字化和互动性，中西部县级融媒体中心在实行数字媒体转型的同时，大力挖掘当地文化资源、开发当地文化产品、发展文化产业，不仅可以使用民众喜闻乐见的形式展现真实、立体、全面的中西部文明，而且有助于中西部地区在新媒体时代把握好新的传播机遇，实现弯道超车，建设社会主义文化强省。

第一，县级融媒体中心对当地文化资源的挖掘、传播、开发有助于以文化人，为文化强省建设提供有力的群众基础。文化是民族的血脉，也是人民的精神家园，建设文化强省的前提在于在群众中大力弘扬当地文化，以文化凝聚人心。县级融媒体中心可以将文化强省的建设目标细化到群众文化事业中，以群众文化需求为文化传播和服务的源泉，在完善现代化基层服务体系、现代传播体系的同时，提炼当地文化内涵、完善文化基础设施建设、提高文化服务的覆盖面，深入实施文化惠民工程，打通公共文化服务"最后一公里"。

在实践中，县级融媒体中心可采用多种方式、手段提高群众对当地文化的认知和认可，如可通过官方媒体挖掘当地特色文化、时代文化，从新闻内容层面传播当地文化内涵，或利用电视专题片、户外公益广告、文化进万家、全民阅读等公益性文化系列活动从渠道层面传播当地文化，或通过开发文化创意产品、生产和传播文创"爆款"，将文化与产品、饮食、当地博物馆、服饰、网络文章等结合起来，使文化真正从精神层面走到群众生活中，用优秀的传统文化、现代先进文化熏陶人、教育人、感染人、提升人，让当地群众既成为文化强省的支持者、先进文化的传播者，也成为文化事业的建设者和消费者，齐心协力挖掘中西部文化"富矿"，为文化强省提供坚实的群众基础。同时，文化的繁荣传播也可为县级融媒体中心提供丰富的用户、内容资源，并以高质量的用户群体及其科学的媒介接触和评价标准提高县级融媒体中心的知名度，反向促进融媒体中心的高水平建设。

第二，县级融媒体中心可通过立足本地、面向县外的全网传播扩大本地文化的传播范围，吸引更多文化、旅游及其他产品的消费者，在提高当地文旅产业发展水平的同时推进文化强省建设，促进全省的转型发展。在移动互联网时代，城市形象、文化资源的传播已实现全网、全媒体、社交化传播，中西部地区县级融媒体中心完全具备这一传播条件。县级融媒体中心既可以通过平台生产、传播高质量、多媒体的文化旅游信息产品，提高外地群众对当地文旅资源的认知和消费潜力，也可以邀请当地政府负责人、文化名人在平台上直播宣传当地文化或为当地产品"带货"，开展各种类型的旅游文化和农特产电子商务业务，助力乡村振兴，推动县域旅游、文化及其他实体经济的发展；而当地群众则可通过分享功能在社交媒体二次传播本地文化信息和产品，在展现家乡文化风貌的同时为本地文旅代言，可有效扩大地域文化和产品的说服力、影响力，促成潜在消费群体的行为实现，进而以微观话语主体带动本地经济的发展。

第三，县级融媒体中心可推进当地文化的创造性转化、创新性发展，促进文化产业的发展壮大。文化产业是文化强省的重要标志，而县级融媒体中心在促进文化的产业转化、创新发展方面具有得天独厚的条件。融媒体中心具有宣传当地文化的历史传统和丰富经验，也是生产、传播当地文化产品的主力军，同时也具备文化产业发展所需的专业人才和市场资源，可在建设县级融媒体中心的同时运用新技术、新形式、新手段，创作生产一批新时代的当地文化精品产品，以此打造权威、有历史内涵的现代化文化品牌；也可发挥上联下通、沟通内外的作用，整合一切有助于文化开发的技术和资源，推动文物保护利用、遗址考古发掘和非遗成果保护等文化事业的发展；还可以融媒体中心为平台，综合运用互联网、云计算、大数据、人工智能等新技术，推动文化产业转型和优化结构，或整合现有文化产业资源，将县级融媒体中心建设成为提供文旅服务、文创产品开发、教育培训、印刷出版、公关广告、演艺庆典等服务的本土文化龙头企业，或孵化一批小微文化企业，打造数字文化产业园区，并为相关文化企业提供宣传推广服务，不断壮大文化市场主体，促进文化产业的发展壮大，以此来助力文化强县、文化强省的建设。

综上所言，县级融媒体中心通过采纳、应用信息技术，为当地提供权威、科学的信息服务；通过挖掘、传播、开发当地文化资源，推进当地文化的创造性转化、创新性发展，提升县域内外群众对当地文化的认知、认可和使用，是县级融媒体中心承担社会责任、助力当地信息科技、文化崛起的可行方式，也是县级融媒体中心助力当地发展、实现自身纵深发展的必由之路。只有在与当地经济社会共赢发展中才能精准对接当地发展所需、基层所盼、民心所向，才能更好地引导群众、服务群众，才能建设高质量的县级融媒体中心，为新时期县域经济发展与社会治理开新局谱新篇。

参 考 文 献

[1] 鲍枫 . 中国文化创意产业集群发展研究 [D]. 长春：吉林大学，2013.

[2] 鲍立泉 . 技术视野下媒介融合的历史与未来 [M]. 武汉：华中科技大学出版社，2013.

[3] 曾培伦，毛天婵 . 技术装置"多棱镜"：国家治理视阈下的县级融媒体中心建设研究——基于 71 篇县级融媒体中心挂牌新闻的分析 [J]. 新闻记者，2020 (6)：3-13.

[4] 曾润喜，杨璨 . 重建本地用户连接 融入基层社会治理：县级融媒体发展路径研究 [J]. 新闻与写作，2021 (5)：22-28.

[5] 常凌翀 . 嵌入与重构：县级融媒体中心赋能基层治理的生成逻辑、功能转向与实践进路 [J]. 中国出版，2022 (12)：31-35.

[6] 陈国权，付莎莎 . 传播力建设的最后一公里——县级融媒体中心建设路径 [J]. 新闻与写作，2018 (11)：24-27.

[7] 陈国权 . 中国县级融媒体中心改革发展报告 [J]. 现代传播（中国传媒大学学报），2019，41 (4)：15-23.

[8] 陈一，石力月 . 全国县级融媒体中心发展调研报告 2021—2022 [M]. 北京：中国社会科学出版社，2022.

[9] 程鹤立 . 县级融媒体中心助力基层社会治理水平提升路径探析 [J]. 西部广播电视，2022，43 (13)：201-203.

[10] 党东耀 . 西部省级媒体媒介融合模式及机制研究 [M]. 北京：人民日报出版社，2019.

[11] 邓又溪，朱春阳 . 县级融媒体中心参与基层社会治理的路径创新

研究［J］. 新闻界，2022（7）：34-42，77.

［12］丁和根. 媒体介入基层社会治理的现状、角色与维度［J］. 新闻与写作，2021（5）：5-13.

［13］董天策，陈彦蓉. 县级融媒体的知识生产：基于文献计量的知识社会学分析［J］. 现代传播（中国传媒大学学报），2022，44（5）：43-50，94.

［14］方提，尹韵公. 论县级融媒体中心建设的重大意义与实现路径［J］. 现代传播（中国传媒大学学报），2019，41（4）：11-14.

［15］费君清. 媒介融合与文化传承［M］. 杭州：浙江大学出版社，2016.

［16］高仁斌. 县级融媒体中心运营案例［M］. 成都：四川大学出版社，2019.

［17］何福安. 纸媒到融媒 一家县级融媒体的前世今生［M］. 杭州：浙江工商大学出版社，2019.

［18］何志武. 底色与特色：县级融媒体中心的"媒体+"逻辑［J］. 中州学刊，2020（11）：156-161.

［19］贺一，刘卓靖. 自动化新闻：县级融媒体中心智能化发展新引擎［J］. 视听，2022（7）：43-46.

［20］侯健美. 打通媒体融合的"最后一公里"——北京市区级媒体融合现状分析［J］. 新闻与写作，2018（6）：81-84.

［21］胡宸豪. 欠发达地区县级融媒体中心建设的困境与出路［J］. 传媒，2019（5）：73-75.

［22］胡正荣. 传统媒体与新兴媒体融合的关键与路径［J］. 新闻与写作，2015（5）：22-26.

［23］胡正荣. 打造2.0版的县级融媒体中心［J］. 新闻界，2020（1）：25-29.

［24］黄艾. 县级融媒体中心履行媒体社会责任：理论维度、实践范式与在地经验［J］. 中国出版，2022（8）：43-47.

［25］黄楚新，李一凡，陈伊高. 2021年县级融媒体中心建设发展报告

[J]．出版发行研究，2022（5）：26-32.

[26] 黄楚新，王丹丹．县级媒体融合发展的创新路径［J］．出版发行研究，2018（12）：18-22.

[27] 金燕博，丁柏铨．落点·触点·支点：县级融媒体中心建设中的"深融合"［J］．传媒观察，2022（10）：68-74.

[28] 金元浦．我国当前文化创意产业发展的新形态、新趋势与新问题［J］．中国人民大学学报，2016，30（4）：2-10.

[29] 孔进．公共文化服务供给：政府的作用［D］．济南：山东大学，2010.

[30] 赖贵全．我亲历的县级融媒体创新发展 来自仁寿县古蔺县等的实践探索［M］．北京：科学技术文献出版社，2022.

[31] 李彪．县级融媒体中心建设：发展模式、关键环节与路径选择［J］．编辑之友，2019（3）：44-49.

[32] 李春梅，张文霞．生产、分配、交换、消费视角下的文化产业供给侧结构性改革——兼论山西省文化产业的发展路径［J］．经济问题，2020（6）：110-117.

[33] 李琳．推动县级融媒体中心内容生产供给侧结构性改革的路径探讨［J］．科技传播，2022，14（18）：75-77，82.

[34] 李文冰，吴莎琪．社会治理视阈下县级融媒体中心建设：功能定位与实践逻辑［J］．现代传播（中国传媒大学学报），2021，43（5）：42-45.

[35] 李宗植，魏立桥，毛生武．中西部地区发展模式及政策研究［M］．兰州：甘肃人民出版社，1999.

[36] 刘峰．新闻室空间再造：县级融媒体中心建设的元新闻话语研究［J］．新闻大学，2019（11）：11-22，121-122.

[37] 刘奇葆．加快推动传统媒体和新兴媒体融合发展［J］．党建，2014（5）：9-12.

[38] 刘勇，沙垚．县级融媒体中心之玉门经验［J］．新闻战线，2018（17）：96-97.

[39] 刘友才. 全媒时代如何用好县级融媒体中心 [J]. 中国广播电视学刊, 2022 (11)：132-134.

[40] 鲁艳敏. 以农为本：县级融媒体中心助力乡村振兴的路径探析 [J]. 青年记者, 2022 (12)：84-85.

[41] 骆正林. 立体规划与功能兼容：我国政务新媒体矩阵的建设现状与功能拓展 [J]. 探索, 2020 (4)：141-155, 2.

[42] 马莉. 我国县级融媒体发展特征及趋势 [J]. 传媒, 2022 (11)：18-21.

[43] 马胜荣, 唐润华. 新闻媒介的融合与管理 一种业界视角 [M]. 重庆：重庆大学出版社, 2010.

[44] 潘海参. 县级融媒体短视频传播策略研究 [J]. 中国出版, 2022 (9)：72-75.

[45] 沙垚. 资本、政治、主体：多元视角下的县级媒体融合实践——以 A 县融媒体中心建设为样本的案例研究 [J]. 新闻大学, 2019 (11)：1-10, 121.

[46] 邵鹏, 王晟. 重塑与嵌入：县级融媒体赋能基层治理模式 [J]. 浙江工业大学学报 (社会科学版), 2022, 21 (2)：201-206.

[47] 深圳报业集团舆情与传播研究院. 新传播·县级融媒体中心建设 总第 19 辑 [M]. 北京：人民日报出版社, 2018.

[48] 沈铭玉. 县级融媒体中心如何打造基层治理新平台 [J]. 视听界, 2022 (4)：117-120.

[49] 孙宜君, 王建磊. 论新媒体对文化传播力的影响与提升 [J]. 当代传播, 2012 (1)：46-48.

[50] 索俊颖. 山西文化产业效率及其影响因素研究 [D]. 太原：山西大学, 2016.

[51] 覃倩, 覃信刚. 我国县级融媒体中心建设之思考 [J]. 中国广播, 2018 (12)：26-28.

[52] 唐宁. 颠覆与重构 城市电视台媒体融合之策略与路径 [M]. 北京：中国广播影视出版社, 2017.

［53］滕朋．社会治理、传播空间与县级融媒体中心建设路径［J］．当代传播，2019（2）：48-50．

［54］王斌．县级融媒体中心建设的山西实践［J］．新闻战线，2019（9）：90-92．

［55］王晖．创新传播手段 打造舆论新平台——江西日报社以"赣鄱云"推进县级融媒体中心建设的探索与实践［J］．新闻战线，2018（9）：6-8．

［56］王江平．公共卫生事件中县级融媒体中心的战"疫"宣传实践［J］．新闻前哨，2022（18）：50-51．

［57］王鸣．大数据+人工智能+云服务：技术创新驱动县级融媒体中心建设［J］．传媒，2019（2）：17-18．

［58］王文科，史征．中国市县融媒体中心建设研究报告［M］．杭州：浙江大学出版社，2019．

［59］王晓伟．打造更有活力的媒体融合共同体［J］．新闻战线，2019（3）：29-31．

［60］王炎龙，江澜．社会治理视阈下县级融媒体中心建设探究［J］．南京政治学院学报，2018，34（6）：97-101．

［61］王智丽，张涛甫．超越媒体视域：县级融媒体中心建设的政治传播学考察［J］．现代传播（中国传媒大学学报），2020，42（7）：1-6．

［62］吴福成，方柔柔．县级融媒体中心问政平台如何建好管用——以枞阳县融媒体中心为例［J］．广播电视网络，2022，29（10）：36-38．

［63］谢新洲，朱垚颖，宋琢谢．县级媒体融合的现状、路径与问题研究——基于全国问卷调查和四县融媒体中心实地调研［J］．新闻记者，2019（3）：56-71．

［64］谢新洲，等．县级融媒体中心建设理论与实践［M］．北京：电子

工业出版社，2019.

［65］徐希之. 银杏融媒 县级融媒体中心建设的邳州实践［M］. 北京：中国广播影视出版社，2019.

［66］许颖. 互动·整合·大融合——媒体融合的三个层次［J］. 国际新闻界，2006（7）：32-36.

［67］颜春龙. 县级融媒体中心建设［M］. 北京：科学出版社，2022.

［68］杨姣，许天敏. 县级融媒体建设：媒体融合在中国的基层实践［J］. 新闻春秋，2022（3）：28-35.

［69］杨志国. 融媒体中心在县级台如何发展［J］. 科技传播，2017，9（23）：51-52.

［70］叶明睿，吴昊. 重生之困：县级融媒体中心发展的逻辑断点、行动壁垒与再路径化［J］. 现代传播（中国传媒大学学报），2021，43（4）：9-14.

［71］张波. 从反应性政治到回应性政治：县级融媒体建设中的政治传播逻辑转向［J］. 编辑之友，2022（7）：48-53.

［72］张诚，朱天. 从"集成媒体的新机构"到"治国理政的新平台"——县级融媒体中心的方位坐标及其功能逻辑再思考［J］. 四川大学学报（哲学社会科学版），2020（2）：127-133.

［73］张国良. 全球化背景下的新媒体传播［M］. 上海：上海人民出版社，2008.

［74］张宏邦，撒亚璇，谢天. 西北民族地区县级融媒体的整合与共治——基于陕甘宁 149 县（区）融媒体中心的实证调查［J］. 民族学刊，2022，13（6）：94-105，148.

［75］张宏邦. 县级融媒体 国际化视野与本土化建设［M］. 厦门：厦门大学出版社，2021.

［76］张辉锋. 县级融媒体中心发挥服务功能的价值取向［J］. 人民论坛，2020（16）：115-117.

［77］张世海，郑坤．论县级融媒体中心的动力机制、结构性困境与自我超越［J］．中国出版，2020（1）：5-10.

［78］张思奇．供给侧结构性改革视野下山西文化产业研究［D］．太原：山西大学，2018.

［79］张望．中国文化创意产业发展模式研究［D］．南京：南京大学，2011.

［80］张雪霖．媒介融合背景下乡村"大喇叭"的重建及其机制研究［J］．新闻与传播评论，2021，74（2）：87-97.

［81］张中和．县级融媒体中心助力乡村振兴路径选择［J］．中国报业，2022（19）：80-81.

［82］赵瑜，范静涵．突发公共事件视域下的县级融媒体中心建设——基于浙江省新冠肺炎疫情的报道分析［J］．中国出版，2020（10）：8-13.

［83］赵月枝，张志华．跨文化传播政治经济学视角下的乡村数字经济［J］．新闻与写作，2019（9）：12-20.

［84］郑亮．县级融媒体中心和基层社会治理研究［M］．广州：暨南大学出版社，2020.

［85］支庭荣．全媒体传播体系的全息透视：系统建构、功能耦合与目标优化［J］．西北师大学报（社会科学版），2019（6）：32-39.

［86］中国广播电视社会组织联合会，海看网络科技（山东）股份有限公司．县级融媒体中心建设的探索与思考［M］．北京：新华出版社，2021.

［87］周逵，黄典林．从大喇叭、四级办台到县级融媒体中心——中国基层媒体制度建构的历史分析［J］．新闻记者，2020（6）：14-27.

［88］朱春阳．县级融媒体中心建设：经验坐标、发展机遇与路径创新［J］．新闻界，2018（9）：21-27.

［89］朱琳琳．县级融媒体中心"四步走"人才队伍建设路径［J］．中国记者，2022（10）：124-126.

［90］朱天，唐婵．政策赋能、业务扩容、系统转型——对县级融媒体中心建设中几个关键概念的观察辨析［J］．新闻界，2020（6）：62-70.

［91］朱晓燕．提升县级融媒体中心文化舆论传播能力研究［J］．新闻爱好者，2022（10）：83-85.

附录 山西民众的媒体使用偏好和政务服务需求问卷

您好！我们是山西省哲学社会科学规划课题"县级融媒体中心建设研究"的课题组成员，正在做山西居民的媒体使用习惯和信息需求调研，以提高我省县级融媒体中心建设和服务的针对性。此份问卷收集的信息仅作为学术研究之用，请根据您的自身情况如实填写，感谢您的支持！

1. 您的性别：[单选题] *
   ○男
   ○女

2. 您的年龄：[单选题] *
   ○18 岁以下
   ○18~30 岁
   ○30~50 岁
   ○50 岁以上

3. 您的最高学历：[单选题] *
   ○初中及初中以下
   ○高中或中专
   ○本科或大专
   ○研究生及以上

4. 您所在的地级市是：[单选题] *
   ○太原市
   ○长治市

○大同市

○阳泉市

○晋中市

○朔州市

○临汾市

○忻州市

○吕梁市

○运城市

○晋城市

5. 您的职业是：[单选题] *

○国家机关、党群组织、事业单位人员

○专业技术人员

○商业、服务业人员

○农、林、牧、渔业生产人员

○学生

○其他职业＿＿＿＿＿＿

6. 您最常使用的 3 个媒体是：[多选题] *

□手机

□互联网

□报纸

□广播

□杂志

□电视

□图书

□其他＿＿＿＿＿＿

7. 您使用这些媒体的目的是什么？[多选题] *

□了解新闻资讯

□获得娱乐

□社会交往

□获取政务服务

□工作需要

□消磨时间

□其他_____

8. 您每天在这些媒体上大概花费多长时间？［单选题］*

○不足 1 小时

○1~3 小时

○3~5 小时

○5 小时以上

9. 您接触这些媒体后有何感受？［矩阵量表题］*

	非常不符合	不太符合	难以判断	比较符合	非常符合
使用媒体是我日常生活的一部分	○	○	○	○	○
我感到很放松、满足	○	○	○	○	○
有的信息质量很差，看完让我很迷茫	○	○	○	○	○
我无法快速获得我想要的信息	○	○	○	○	○
接触这些媒体很费钱	○	○	○	○	○
我日常可接触到的政务信息很少	○	○	○	○	○
各类应用程序、媒体账号太多了，我不会轻易接触新渠道了	○	○	○	○	○
我对我们区、县的电视、广播接触不多	○	○	○	○	○

10. 您从什么渠道获取政务服务信息？[单选题] *

　　○询问亲戚、朋友

　　○从官网、官方微博、微信公众号获取信息

　　○打热线电话

　　○去相关部门现场咨询

　　○其他

11. 您获得政务信息、服务的体验如何？[矩阵量表题] *

	非常不符合	不太符合	难以判断	比较符合	非常符合
我非常需要获得权威、靠谱的政务服务信息	○	○	○	○	○
我不知道怎么才能获得这些信息	○	○	○	○	○
很多现有的政务服务信息对我用处不大	○	○	○	○	○
感觉实现网上办事还很遥远	○	○	○	○	○
我不知道什么是县级融媒体中心	○	○	○	○	○
我非常需要一个服务全面、便捷的政务服务网络平台	○	○	○	○	○
相比网络办理，我更愿意去现场办事	○	○	○	○	○

12. 您对县级融媒体中心建设或当地政务服务平台建设有何建议？[填空题]

后　记

高质量的信息和服务是群众永恒的需求

党的二十大报告明确要求"完善社会治理体系……完善网格化管理、精细化服务、信息化支撑的基层治理平台，健全城乡社区治理体系"。基层作为各级组织的基础层、服务群众的"排头兵"，起着贯通上下、联络群众的纽带作用，而立足基层、服务群众、治理社会的基层社会治理是国家治理的基础和支撑，其现代化水平直接关系着国家治理体系的科学性和治理能力的有效性。

县级融媒体中心由县级媒体发展而来，其建设不仅是四级媒体体制中基层媒体在融媒体时代遵循媒介发展规律、自我革新发展的必然举措，以媒体基层实践推动媒介融合的纵深发展，更是提升基层社会治理能力的全新思路，将基层媒体纳入地方发展体系，以媒体整合地域资源、以信息服务全面带动公共服务，从理论和现实层面而言，均有极强的必要性和可行性。从基层媒体出发，跳脱传统的媒体覆盖领域，以基层媒体乃至社会的力量提升国家现代化治理水平，真正以媒体为信息社会人民的生活水平、国家治理能力现代化水平赋能，这既是基层媒体人通过媒体实践参与社会治理、实现其社会价值的难得机遇，也是数字媒体时代基层媒体转型发展过程的一束希望之光。

作为关注基层媒体的教学、科研人员，无论是在调研、与一线工作人员访谈时，还是与假期媒体实践归来的学生交流时，我发现，"难""水平有限""怎么办"这些词汇都常被提及。政策支持、理论佐证乃

123

至国内成功案例的经验在落地时，总会不尽如人意，其困难不仅存在于县级融媒体中心自身的思维、模式、人才、资金、设备等方面，也与基层媒体在各级政府发展体系中的战略设计等定位有关，更与群众对媒体的满意度、认可度紧密相关。

随着当前移动网络和智能设备的普及，即便是中西部偏远地区的乡村，通过智能手机上网获取信息、实现社会交往已成为群众生活的日常，多数老年人也融入数字媒体大潮，掌握了智能手机的基本操作技巧——县级融媒体中心打通信息传播"最后一公里"的媒介技术条件已基本成熟。然而，基本成熟的媒介技术条件并不意味着达到理想的传播水平，互联网营造出海量、庞杂、偏重娱乐的信息社会环境，在侵占用户有限注意力资源的同时也挤压了基层媒体在信息环境下突围发展的空间，而日益提升的用户媒介素养又在无形间对基层媒体的内容生产、传播提出更高的要求。县级融媒体中心面对的，不仅是难得的发展机遇、迷茫中的希望之光，更是市场化信息环境下整合各类资源，成为众多机构媒体、自媒体发展领头羊的艰巨任务。

攻克这一艰巨任务，实现县级融媒体中心的纵深发展，并以基层媒体发展助力地方发展，其突破点在于认识并满足群众需求，有效回应民众所盼、民心所向，成为群众知晓、认可并使用的融媒体中心乃至政府服务平台。从调研结果来看，高质量的信息和服务是群众永恒的需求，县级融媒体中心在满足此两类需求方面，仍有很大的提升空间。

我们生活在由海量信息包裹的数字媒体时代，媒介技术在丰富群众精神生活，带来更快捷、多元传播方式的同时，也生产出海量信息，为我们带来诸多困扰：筛选信息、判断真伪的成本越来越高，吸引眼球的"爆款"内容常被证伪，速食阅读、倍速播放一再加快生活节奏……我们身边的信息越海量，我们的认知越容易被困扰，庞杂信息的背后是信息的缺失。如果没有权威的信息把关人，利用数据资源做好舆情监测、畅通信源渠道核实关键信息、健全传播渠道及时实现权威发布，那么，柯勒律治所言的"到处都是水却没有一滴水可喝"将成为信息社会的现实问题。自2019年末起，截至2022年年底，新型冠状病毒导致的

"信息疫情"（infodemic）就是典型的案例。我们所处的，既是庞杂信息构成的信息社会，也是各类风险频发的风险社会，以确定的信息减轻认知负担，消除生活中的不确定性，是群众永恒的需求。而县级融媒体中心作为扎根基层、直面群众的基层媒体机构，在及时回应群众关切、权威发布关键信息、密切干群关系和用户关系方面，具有极强的不可替代性。这是县级融媒体中心实现纵深发展的关键突破口，也是未来向基层社会治理、政务服务转型的立足之本。

　　在信息时代县级融媒体中心实现突围发展，还需在满足群众信息需求的基础上增加服务项目、提升服务水平。这不仅指信息层面的服务，更指群众日常生活、工作所需的各类实体公共服务。在研究过程中，我发现群众对"政务服务"有极强的兴趣。多数受访者5分钟之内可以完成问卷，但多位受访者花费超过15分钟填写问卷，也有部分受访者几经辗转联系到我，咨询了问卷中的细节问题，还主动表达了自己的政务服务需求和盼望。问卷中常被忽视、敷衍的开放性问题"您对县级融媒体中心建设或当地政务服务平台建设有何建议?"也得到超过200位受访者的耐心填写。每每想到远方素未谋面的受访者在忙碌的工作生活之余，暂时放弃轻松有趣的社交媒体，在智能手机狭小的屏幕上认真填写问卷的样子，我总是热泪盈眶。他们是我们永远需要关切、服务的主体，但由于不熟悉所需各类服务的流程、渠道，即便当地政务服务也推出了手机客户端、小程序办理方式，群众仍面临办事难的困扰。县级融媒体中心依托信息平台和广泛的群众基础，可以嵌入或建设成为政务服务、公共事业服务平台，进一步提升自身影响力，同时，还可以融入医疗、教育、电子商务、文化服务等本地化生活服务内容，在满足群众服务需求的沃土上大展宏图。

　　获取高质量的信息和服务是群众永恒的需求，提供高质量的信息和服务，则是县级融媒体中心在数字媒体时代转型发展、纵深发展的重要突破口，也是基层媒体一线工作人员实现其社会价值、施展个人抱负的广阔舞台。可以肯定的是，即便在信息服务日益改善的2022年年底，群众对高质量信息和服务的需求仍然强烈，经过四年多建设，多数县级融媒体中心实现了平台搭建、流程再造、人员整合，也在内容创新、媒体运营、基层治理等方面积极探索，但不可忽视的是，还有众多县级融媒体中心仍在改革深水区徘徊。基层媒体回路已断，退无可退，唯有向前。民之所忧，我必念之；民之所盼，我必行之，县级融媒体中心只有立足信息，拓展服务，为群众提供高质量的信息和服务，才能承担起新时代媒体人的责任，也才能以此为浆，顺利闯过深水区，在职业边界日渐消融的转型时代提升其不可替代性，助力建成新时代治国理政平台，从而到达胜利的彼岸。

赵薨源

2022 年 12 月 13 日